raufeld verlag

Utz Tayert

Die schönsten Seen um Berlin

ENTDECKEN, BADEN, GENIESSEN

Impressum

1. Auflage Juni 2006

Umschlaggestaltung und Layout: Florencia Young
Karten: Markus Kluger
Titelbild: René Blume
Lektorat: René Blume, Silja Ukena

Druck und Weiterverarbeitung: Clausen & Bosse, Leck

Printed in Germany
ISBN-10: 3-938292-01-6
ISBN-13: 978-3-938292-01-3

Vorwort

Dicht gedrängt in der Hektik und Hitze des Berliner Stadtverkehrs träumt sich jeder irgendwann an die stillen Ufer eines klaren Sees. Ruhe und Natur, Badevergnügen und Entdeckung, das alles möglichst ohne lange Fahrt, das wäre perfekt. Was einem zuerst einfällt: Strandbad Wannsee, Havel oder Müggelsee. Doch ist das nur ein winziger Ausschnitt. Wer die Berliner Gewässerlandschaft kennt, mag vielleicht etwas von dem Wasserreichtum ahnen, der die Stadt umgeben ist. Denn auch wenn man es sich zwischen Baustellen und Menschenmassen nicht recht vorzustellen vermag – das Leben der 3,4-Millionen-Metropole Berlin pulsiert mitten in einer der seenreichsten und zugleich am dünnsten besiedelten Regionen Deutschlands, der Mark Brandenburg. Doch das „karge Land mit dem spröden Charme" birgt nicht nur mehrere tausend Seen, plätschernde Bäche und verzweigte Flussadern. Es sind die besondere Vielfalt und Verschiedenartigkeit der Gewässer, die den Reiz dieser Landschaft inmitten von Wäldern und Feldern ausmachen.

Ganz gleich, ob man auf der Suche ist nach weißen Sandstränden für den Familienausflug oder nach den verschwiegenen Ufern eines Waldsees, ob man ein von Villen umgebenes Gewässer in der Größe eines „märkischen Meeres" sucht oder ein im Grün verstecktes kleines Wasserrund – man wird sie alle finden. Denn in ganz Brandenburg gibt es tatsächlich etwa 3 000 Seen, deren Fläche größer als ein Hektar ist. Hinzu kommen rund 7 000 kleinere Seen und etwa 660 Teiche. Insgesamt durchziehen 32 000 Kilometer Fließgewässer das Land.
Die Aufzählung dieser Seenrekorde wirkt wie statistische Spielerei? Mag sein. Die Geschichte ihrer jeweiligen Entstehung aber und das Wissen um die Sauberkeit der teils glasklaren teils naturtrüben Gewässer oder ihre Bade- und Picknickmöglichkeiten sind für die Frage nach dem Wohin eines Tages- oder Wochenendausfluges nahezu unabdinglich. Antworten finden Sie hier.

Anregende Beschreibungen, nützliche Informationen und praktische Hinweise sollen in mehr als 70 erzählten Erkundungen Lesern mit unterschiedlichsten Erwartungen die Möglichkeit eröffnen, zu allen Jahreszeiten den idealen Uferplatz zu finden. Über einhundert Seen um Berlin herum laden zum Baden, Verweilen oder Wandern ein. Alle in diesem Buch versammelten Gewässer – ob natürlichen oder künstlichen Ursprungs infolge der Eiszeit oder durch Menschenhand – weisen ausnahmslos eine gute bis hervorragende Badequalität auf. Über 240 offizielle Badestellen im Land Brandenburg werden überdies von Mai bis September zweimal monatlich vom Landesumweltamt geprüft. Doch auch an welchen Ufern aus Gründen des Naturschutzes nur gewandert, nicht aber gebadet werden darf, wird erwähnt.

Oft sind die hier beschriebenen Gewässer Teile größerer zusammenhängender Seengebiete oder -ketten, kleine Wasserperlen also, die im Verbund mit anderen die Landschaft wie fein gearbeitete Schmuckstücke verschönern. Daher verstehen sich die einzelnen Geschichten auch als Einladung zur Erkundung umliegender Gewässer und Gegenden. Oder, um es mit Theodor Fontane zu sagen, dem unumstritten größten Entdecker der Mark: „Wenige Punkte sind so arm, dass sie nicht auch ihre sieben Schönheiten hätten. Man muss sie nur zu finden verstehen."

Um dem Leser – ob mit dem Auto unterwegs oder der Bahn, auf dem Fahrrad oder zu Fuß – die Orientierung zu erleichtern, werden die ausgewählten Seen vom Osten Berlins aus dem Uhrzeigersinn folgend in sieben Kapiteln vorgestellt. Ein einleitender Überblick steht dem jeweiligen Abschnitt voran. Dabei entspricht die räumliche Ausdehnung der Kapitel eher den geographischen Einheiten dieser von Flüssen durchzogenen Naturräume, als den administrativen Kreisgrenzen innerhalb Brandenburgs. Und auch wenn manche Touren bis an die brandenburgischen Landesgrenzen führen, soll es dem zeitknappen Großstädter

dennoch möglich sein, binnen einer Stunde vom Berliner Stadtrand aus an sein Ziel zu gelangen. Sei dies eine Waldbadestelle, ein Wiesenstrand oder einer der zahlreichen Spazierwege in den ufernahen Wäldern.
Zur Ergänzung empfehlen sich für Rad- und zu Fuß Reisende topografische Karten im Maßstab 1:50 000, Autofahrer sind mit einer Karte im Maßstab 1:100 000 im Handschuhfach gut beraten.

Die Eiszeit und der Mensch – *eine kurze Geschichte der Seenentstehung*

Erdgeschichtlich gesehen sind die sanft gewellten Hügel der Mark Brandenburg mit ihren zahlreichen Seen und weit verzweigten Gewässern noch sehr jung. Seine charakteristische Oberflächenprägung als so genanntes „Jungmoränenland" verdankt das nordostdeutsche Tiefland dem Wirken und Abklingen der „Weichselkaltzeit" vor rund 12 500 bis 7 500 Jahren.
Insgesamt waren es drei große Eiszeiten, die bis heute die Oberfläche des norddeutschen Tieflandes überformten. An Flüssen angelehnte Bezeichnungen wie „Elster-" und „Saale-Kaltzeit" verweisen dabei auf die südlichsten Ausdehnungen der ersten beiden Vereisungen. So ist z. B. der Höhenzug des Flämings im Süden Brandenburgs eine Hinterlassenschaft der vorletzten Eiszeit.
Die Weichselkaltzeit war die letzte der drei großen Eiszeiten, die bis heute das Landschaftsgesicht Norddeutschlands prägen. Ihre Gletscher waren es, die am nachhaltigsten das Gebiet der späteren Mark Brandenburg modellierten, und ihrem Austauen verdankt sich letztlich deren heutiger Seenreichtum. Wie eine gigantische Walze schoben sich diese mit Geröll beladenen Eisberge vor etwa 120 000 Jahren von Skandinavien aus über die Ostsee und begruben das norddeutsche Tiefland unter einer 1 000 Meter mächtigen Eisschicht. Bei ihrem Vorwärtsdringen schürften die Gletscher weite Becken aus und beluden sich dabei erneut mit zerriebenen Erdmassen, dem so genannten Geschiebemer-

1. Geschlossene Eisdecke und ihr Vorland

vor 25 000 Jahren

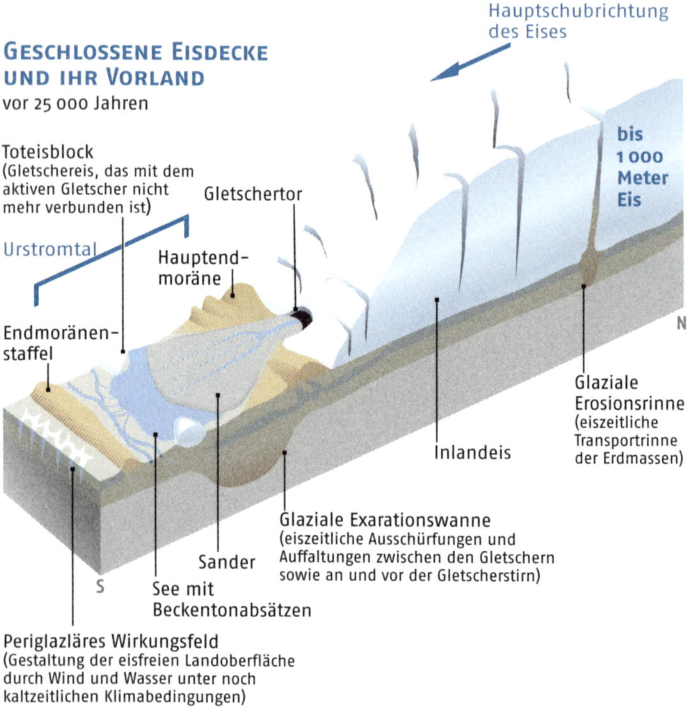

2. Zerfall der Eisdecke in der Abschmelzphase

vor ca. 12 000 bis 7 500 Jahren

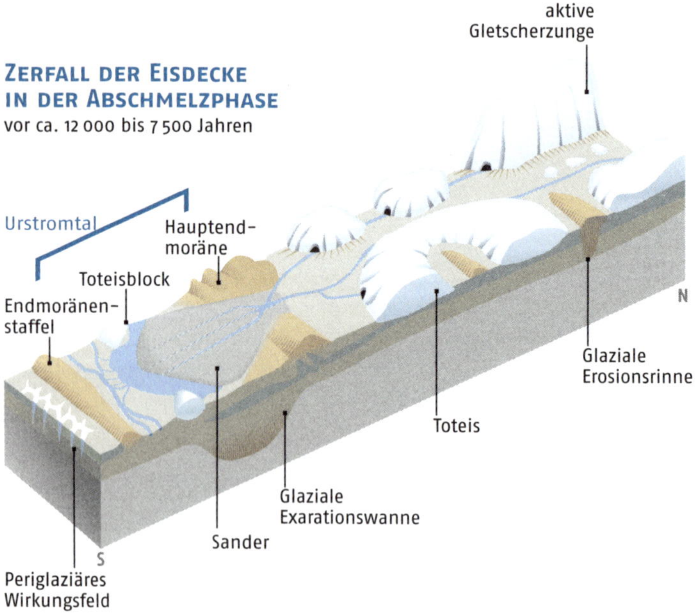

Eis
Sandersande
glaziale Verschüttungssande
Kiessande in Endmoränen
und glazialen Erosionsrinnen
Geschiebemergel = Grundmoräne
Kiessande glazialer
Exarationswannen
älteres Plestozän oder
älterer Untergrund
Eiskeilnetze im
Periglazialgebiet

Gestaltende Kraft des Eises

Entstehung der Seen: Die geröllbeladenen Gletscherschmelzwässer spülten tiefe Rinnen unter und vor dem Eispanzer aus und legten in Urstromtälern und in durchschnittenen Hochflächen ein zunächst unübersichtliches Flussnetz an. An Gletscherrändern des zurückweichenden Eises entstanden glaziale Serien. Doch erst mit dem allmählichen Schwinden des Dauerfrostbodens und mit dem Austauen verschütteter Toteiskörper – im Übergang von der Kaltzeit zur heutigen Warmzeit – begann die eigentliche Phase der Seenbildung. Die anschließende Waldbedeckung verhinderte weitere nacheiszeitliche Bodenabtragungen und konservierte das Bild der heutigen Landschaft mit ihrem reichhaltigen Formenschatz.

3. Gegenwärtige Landschaft

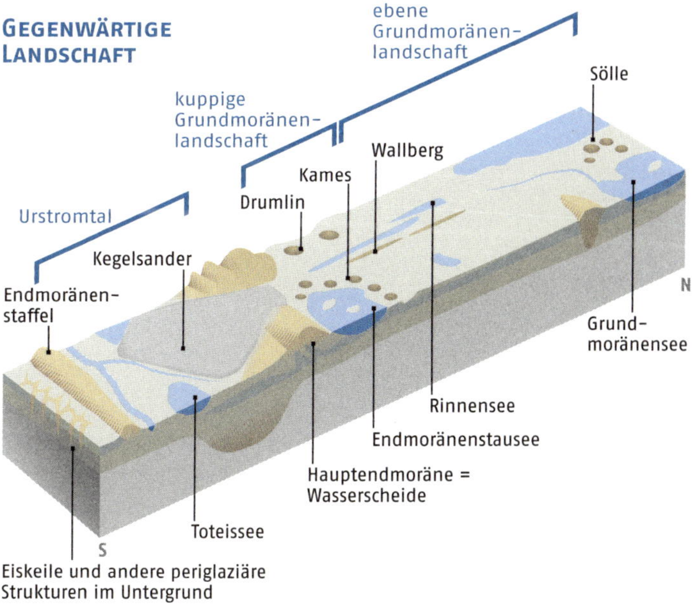

gel. Etwa 50 Kilometer südlich von Berlin hatten sie gerade ihre maximale Ausdehnung erreicht, als sie durch eine einsetzende Klimaerwärmung zum Stillstand kamen.

Das war vor etwa 20 000 Jahren. Erst in diesem Zeitraum begann mit dem allmählichen, immer wieder unterbrochenen Abschmelzen des Inlandeises die spannende Zeit der Landschaftsgestaltung: Schmelzwässer stürzten in Eisspalten und spülten tiefe Rinnen unter dem Eis aus oder ergossen sich in Strömen aus den Gletschertoren. Im nördlichen Hinterland der Gletscher hinterließ das abtauende und geröllbefrachtete Eis sanftwellige Grundmoränen. Vor den Gletschern türmten sich gröbere Erdmassen durch die Kraft des Wassers zu schärfer konturierten Endmoränen auf. Feineres Kies- und Sandmaterial wurde mit den abfließenden Schmelzwässern weitergespült und lagerte sich vor den Endmoränen in breiten – heute häufig von Kiefern bestandenen – Sanderflächen ab. Schließlich spülten die Schmelzwässer vor den Sandern breite Bahnen aus und flossen in Richtung des Meeres – die Urstromtäler waren entstanden.

So formten das Inlandeisschild, seine Gletscher und Schmelzwässer die Landschaft und ihre Oberfläche in der typischen, „glaziale Serie" genannten Abfolge aus Grundmoräne, Endmoräne, Sander, Urstromtal. Die Anlage einer solchen Serie vollzog sich auf der gesamten Breite einer Eisrandlage. Solche Ränder verliefen bzw. verlaufen in einer Linie von Nordwesten nach Südosten. Ein Beispiel ist die „Brandenburger Eisrandlage", eine Linie, die südlich von Brandenburg, südwestlich von Potsdam bis Luckenwalde, nördlich von Baruth und dem Oberspreewald und südlich von Lieberose bis Guben verläuft.

Das Abtauen der Gletscher vollzog sich jedoch nicht gleichmäßig, sondern wurde immer wieder durch Klimaabkühlungen unterbrochen. Im Fall der „Weichselkaltzeit" lassen sich insgesamt drei markante Eisstillstandsphasen (Rückzugsstadien) im Brandenburger Raum erkennen, deren Namen uns eine genaue Vorstellung ihrer Lage erleichtern:

1. die Brandenburger Eisrandlage vor dem Baruther Urstromtal (damit verknüpft sind die Niederung des Spreewaldes, die Havelseen und die Seen südöstlich von Berlin),
2. die Frankfurter Eisrandlage vor dem Berliner Urstromtal (Endmoränen und Seen bei Rheinsberg, Gransee sowie der Märkischen Schweiz) und schließlich
3. die Pommersche Eisrandlage im Norden Brandenburgs vor dem Eberswalder Urstromtal (Grimnitz- und Werbellinsee sowie der Parsteiner See).

Beim Rückgang des Eises unterlag die noch vegetationslose Oberfläche weiteren Abtragungsprozessen, so dass sich verschiedene glaziale Serien auch miteinander verzahnten und ein sehr komplexes Landschaftsbild und Gewässernetz hinterließen. Der Formenschatz der glaziären Serien wurde durch so genannte Drumlins (z.B. Rummelberg bei Brodowin), Kames (z.B. im Biesenthaler Becken), Oser (Lange-Damm-Wiesen bei Strausberg) und schmale Rinnentäler (Gamengrund oder „Rotes Tal" bei Altranft) bereichert.
Die inzwischen zwar eisfreie, aber noch immer dauergefrorene Oberfläche – das Jungmoränenland – offenbarte eine Abfolge von zerschnittenen Hochflächen und breiten Talungen. Die Flüsse hatten bereits das „Skelett der Entwässerung" angelegt, also zunächst ausgespülte und wassergefüllte Rinnen und Becken, die wieder trocken fielen, doch die ersten Seen verschwanden so schnell, wie sie entstanden waren. Noch immer herrschte ein kaltzeitliches (Tundra-)Klima, und die unbewachsenen Böden unterlagen einer „periglaziären" Überformung: Stürme bliesen feinere Sandmassen zu hohen Dünen auf, die durch ihren späteren Waldbewuchs bis heute erhalten blieben. Als Beispiele seien die Waltersberge bei Storkow oder die Püttberge um Berlin erwähnt. Erst mit dem Schwinden des Dauerfrostbodens und dem Austauen des übrigen Toteises begann die eigentliche Phase der Seenbildung. Sie vollzog sich im

Übergang von der Kaltzeit zur heutigen Warmzeit vor 12 500 bis 7 500 Jahren. Verschüttete Toteiskörper, die zuvor durch über ihnen liegende Erdmassen konserviert waren, tauten und brachen zusammen. Sie hinterließen ungewöhnlich viele verstreute oder als Ketten gereihte Seen verschiedener Gestalt sowie ein relativ unübersichtliches Netz aus Flüssen und Gewässern.

Aus abschmelzenden Eisschollen bildeten sich kleinere und größere Toteis-Seen sowohl in Sandern (Gorinsee) als auch in den Urstromtälern, aber auch in der Grundmoränenlandschaft (Brodowiner See). Die oft großflächigen, runden und tiefen Grundmoränenseen (z.B. der Grimnitzsee) waren bereits durch die Ausschürfungen des vorrückenden Eises angelegt worden und wurden nun mit Wasser gefüllt zu typischen Zungenbeckenseen nördlich der Endmoränen.

Vor den ehemaligen Gletscherzungen füllten sich die tiefen und langgestreckten Ausspülungen mit den Rinnenseen (Werbellinsee, Ruppiner See). Sie werden häufig von steilen Böschungen flankiert.

Abschmelzende Eiskörper vermochten aber auch den Lauf von Flüssen zu verlegen – etwa den der Spree vor der Schwielochseerinne in der Gegend des Unterspreewalds – und somit Seen in ihren Lauf einzuflechten. Auch die Havel bildet zwischen Potsdam und Brandenburg ein „blaues Band" mehrerer solcher Fluss-Seen. In der Teupitzer Seenkette verbindet die Dahme eine große Anzahl von Seen miteinander, bevor sie in Berlin der Spree zufließt.

Die letzte Phase der natürlichen Landschaftsbildung in der Mark Brandenburg setzte vor rund 7 500 Jahren mit dem „Einwandern" der Vegetation in der feuchten Moränenlandschaft unter warmzeitlichen Klimaverhältnissen ein. Die sich ausbreitende Waldbedeckung stoppte weitere Abtragungsvorgänge und versiegelte gewissermaßen die von Wasser und Eis modellierte Landschaft.

Der langsamen Ausbreitung von Birke und Kiefer vor etwa 12 400 bis 12 100 Jahren (noch unter kaltzeitlichen Klimabedingungen) folgten vor erst 6 000 Jahren die wärmeliebenden Laubbäume: zunächst Ulme, Linde und Eiche; vor etwa 3 000 Jahren dann die Buche. Dabei herrschten im Nordosten Birken-, Kiefern-, Eichen- und Buchenmischwälder vor, während im Süden und Osten stärker Kiefern-Traubeneichenwälder dominierten. In den feuchten Niederungen – einschließlich des Spreewalds – siedelten sich Erlenbruchwälder an. Die Buchen- und Eichenmischwälder der Schorfheide vermitteln bis heute am stärksten das Bild einer ursprünglichen Naturlandschaft.

Seit dem Mittelalter veränderte dann der Eingriff des Menschen das Landschaftsbild der Eiszeit. Mit den Rodungen, die im 12. Jahrhundert einsetzten, wurden in den Niederungen der Grundmoränenlandschaften Wälder zur Gewinnung von Ackerland abgeholzt. In den schwerer zu beackernden Endmoränenlandschaften blieben die Wälder häufig als Forste erhalten. Um 1900 machte der Anteil des Nadelholzes (auf sandigen Böden besonders die Kiefer) etwa 94 Prozent des gesamten Waldbestandes aus.

Auch das Gewässersystem wurde ab dem 17. Jahrhundert nachhaltig verändert. Der Ausbau großer Kanäle und Schleusen – ein Beispiel ist der Finowkanal – oder die Trockenlegung ehemaliger Sumpfgebiete wie etwa des Oderbruchs wären hier zu nennen. Aber auch Flüsse wie Spree und Oder wurden in ein künstliches Bett gezwungen.

Schließlich erweiterte sich der Seenreichtum noch durch die Bergbautätigkeiten der vergangenen 150 Jahre. Wo zunächst Ton- oder Kiesgrubenlöcher klafften oder Kohleabraum große Becken hinterließ, bedeckt heute das Wasser klarer Seen die einstigen „Naturwunden".

Und während sich Fontane vor etwa 150 Jahren auf beschwerlichen Kutschreisen die märkische Umgebung erschloss und sie für uns literarisch belebte, können sich Erholung suchende Sommerfrischler heute auf gut ausgebauten Schienenwegen und Straßen die seenreiche und oft stille Umgebung Berlins erschließen.

Deren schönste Plätze finden Sie hier.

Das Oder-Spree-Seengebiet

Es ist das Land der Seen und Flüsse. Zwischen Spreewald, Oderfluss und Oderbruch erstreckt sich eine der größten nutzbaren Wasserflächen Deutschlands. Über 200 Seen verteilen sich in der waldreichen, von Hügeln, Talkesseln und Schluchten durchsetzten Landschaft, die – wie der Name schon sagt – wesentlich durch den Verlauf der Spree bestimmt wird. Der Fluss entspringt im Lausitzer Bergland an der Grenze zu Tschechien drei verschiedenen Quellen, verzweigt sich dann im Oberen Spreewald zu einem vielarmigen Binnendelta und erreicht schließlich nach mehreren Richtungswechseln bei Lübben den Unteren Spreewald. Dort durchquert der Fluss den Schwielochsee in Richtung Nordwesten. Daran anschließend passiert er Beeskow und Fürstenwalde, teilt sich mit dem Oder-Spree-Kanal und erreicht als Müggelspree das Berliner Stadtgebiet – um endlich nach etwa 400 Kilometern in Spandau der Havel zuzufließen.
Entstanden ist die Oder-Spree-Region in ihrer typischen Gestalt am Ende der Eiszeit mit den Gletscherrückzügen des Brandenburger und Frankfurter Stadiums vor etwa 18 000 bis 16 000 Jahren. Dazu gehören der Scharmützelsee – das „Märkische Meer“ – mit seinem berühmten Kurort Bad Saarow, das Beeskower Land oder auch das Grünheider Wald- und Seengebiet. Das Schlaubetal bei Müllrose gilt als eines der schönsten Bachtäler Deutschlands. Oder, Spree und Dahme bilden gemeinsam das größte schiffbare Wassernetz des Landes, allein auf der Spree lassen sich 182 Kilometer zurücklegen. Aber auch Radfahrer dürften in der Region ihr Glück finden: Über 320 Kilometer hin erstreckt sich das Radwegenetz in einer waldreichen von Hügeln, Kesseln und Schluchten durchsetzten Landschaft. Wer möchte, kann zum Beispiel der Spree von Erkner aus bis zu ihrem Ursprung in der Lausitz folgen.

1

NUTHE UND HAVELLAND | SCHWIELOCHSEENGEBIET | FRANKFURT/ODER

ANREISE

AUTO Auf der A10 bis zur Anschlussstelle Rüdersdorf und dann Richtung Woltersdorf (Kalksee) bzw. Strausberg (Stienitzsee) abfahren.

BUS + BAHN Mit der historischen Straßenbahn ab S-Bahnhof Rahnsdorf fahren oder mit der S-Bahn bis Strausberg, dann Bus 950.

FAHRRAD Ab Erkner kann man auch mit dem Fahrrad fahren.

SONNENUNTERGANG ÜBER DEM STIENITZSEE

INFORMATIONEN

GASTRONOMIE

Restaurant **Berliner Eck**
Berliner Straße 12, 15569 Woltersdorf
Telefon: 03362 / 4732

Ristorante-Trattoria **Venezia**
Berliner Straße 94, 15569 Woltersdorf
Telefon: 03362 / 885537

Restaurant, Café, Konditorei **Knappe**
Schleusenstr. 32, 15569 Woltersdorf
Telefon: 03362 / 5163

Gaststätte **Prisod**
An der Schleuse 3, 15569 Woltersdorf
Telefon: 03362 / 5219

SERVICE

Stienitzsee:
Badeanstalt am südlichen Ortsausgang von Hennickendorf. Sand- und Wiesenstrand mit Gastronomiebetrieb.

Kalksee:
Alte Badestelle Woltersdorf, Richard-Wagner-Straße. Zufahrt über die Schumannstraße von der Rüdersdorfer Straße, WC und Abfallentsorgung.

TIPP An der Liebesquelle entlang führt der Weg auf die Kranichsberge. Von dort lässt sich trefflich in die Landschaft blicken – bei klarer Sicht sogar bis nach Berlin.

STIENITZSEE UND KALKSEE

Grüne Natur und Industriebrache, Filmkulisse und königliches Feriendomizil, Urlandschaft und Grundstein Berlins – die Gegend um die Rüdersdorfer Seenkette ist reich an Geschichte und Geschichten. Sie beginnt mit dem rund 220 Hektar großen Stienitzsee bei Hennickendorf im Regionalpark Müggel-Spree und erstreckt sich über den Kalksee zum Flakensee nach Süden hin.
Die Ufer des Stienitzsees besitzen ein wechselhaftes Antlitz: Auf der gesamten westlichen Seite herrscht die Natur; steilere Hügel und Mischwälder begleiten den Wasserrand. Am Ostufer des Sees dagegen künden verfallende Industriebauten von seiner Vergangenheit als Baustofflieferant für das nahe Berlin. Etwa 100 Jahre lang wurden die im benachbarten Rüdersdorf zutage geförderten Kalkerden als Ziegel und Zement per Lastkahn in die Hauptstadt verschifft. Die Tiefen der einstigen Tagebaugruben bilden heute gleichsam einen „Negativabdruck" Berlins, das vor 130 Jahren mit Hilfe der hier geförderten Baustoffe in die Höhe zu wachsen begann. Die mittlerweile ihrer Funktion beraubte „Betonbrücke" am Ortsausgang von Hennickendorf diente einst als Verladestation und Anleger. Heute befindet sich hier der Parkplatz des angrenzenden Strandbades, das mit der Ankündigung „Baden auf eigene Gefahr" seinen provisorischen Charme nicht zu verbergen sucht. Die kleine Badeanlage verfügt jedoch über einen Bootsverleih; und ein Imbiss bietet dem geschwächten Schwimmer Stärkung.
Wilde Waldbadestellen finden sich dagegen auf der westlichen Uferseite. In unregelmäßiger Folge führen unbeschilderte Forstwege von der Verbindungsstraße zwischen der B1 und Eggersdorf durch den Wald direkt zum Wasser. Parkende Autos an der Waldchaussee verraten Ortsunkundigen ihre Lage. Die holprigen Wege bleiben allerdings Radfahrern und Spaziergängern vorbehalten, da es an ihrem Ende keine Parkmöglichkeiten gibt.
Ein Ausflug zum Stienitzsee lohnt sich vor allem wegen seines sauberen Wassers und der Tatsache, dass

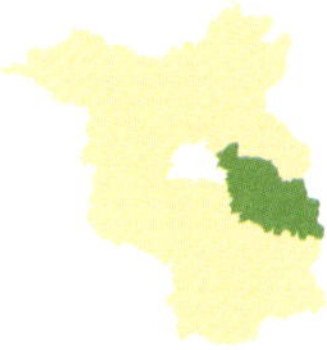

GER-431
GER 1307
GER 1204

die Anzahl der Badegäste in der Regel überschaubar bleibt. Ein weiteres Argument ist seine Nähe zu Berlin. Vom S-Bahnhof Strausberg aus lassen sich beide Uferseiten erwandern, zur Hennickendorfer Seeseite fährt ein Bus.

Im Süden des Sees finden sich Spuren aus jenen Zeiten, als hier noch Meere ihre Wassermassen ausbreiteten. In den begehbaren musealen Kalkgruben von Rüdersdorf etwa bestehen durchaus Chancen, einen urzeitlichen Haifischzahn als Wochenendtrophäe zu ergattern.

Zum Kalksee, der mit dem Stienitzsee durch das kleine Mühlenfließ verbunden ist, gelangt man nach kurzer Fahrt von Rüdersdorf aus in Richtung Woltersdorf. Mit einer Größe von acht Hektar Wasseroberfläche ist er relativ überschaubar; was ihm jedoch an Ausdehnung fehlt, macht er durch den Reiz seiner Uferläufe wett. Denn während sich auf der Westseite des Sees die Woltersdorfer Häuser und Gärten bis an den Rand des Wassers schieben, steigen an der Ostseite die bewaldeten Böschungen der Kranichberge an. Schon König Friedrich Wilhelm IV. fühlte sich 1841 von dieser Landschaft angezogen, 1875 verbrachte der Schweizer Geologe Otto Forell seinen Urlaub hier, Theodor Fontane verweilte hier 1887. In den zwanziger Jahren des letzten Jahrhunderts wiederum gaben der See und dessen steiles Ostufer die exotische Kulisse mehrerer Ufa-Filme ab.

Heute herrscht hier an warmen Sommertagen reger Bootsverkehr. Die „Alte Badestelle“ auf der Woltersdorfer Seite kann ohne Eintrittsgebühr genutzt werden. Da sie sich jedoch direkt im Ort befindet, ist es hier entsprechend voll. Ruhiger geht es an der Rüdersdorfer Seite zu, auf deren kleine Badestelle unter Bäumen die Abendsonne fällt. Am Südzipfel des Kalksees bremst die Woltersdorfer Schleuse die ruhige Wasserströmung. Hier hat sich der Ort bis heute seinen kurstädtischen Charakter bewahrt, und wie vor 100 Jahren sind die Cafés und Restaurants am Ufer beliebtes Ziel von Landbesuchern und Wasserwanderern.

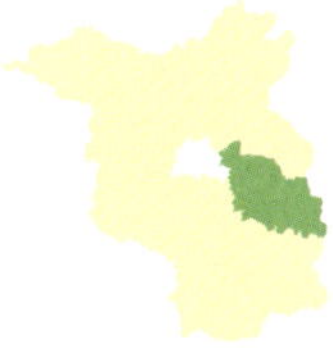

ANREISE

AUTO Auf der A10 bis zur Anschlussstelle Rüdersdorf oder Anschlussstelle Erkner und dann Richtung Woltersdorf abfahren.

BUS + BAHN Mit der S 3 oder dem Regionalexpress bis Erkner fahren und weiter mit den Bussen 420, 436, 429 oder 418 Richtung Woltersdorf. Vom S-Bahnhof Rahnsdorf kann man auch mit der Historischen Straßenbahn Nr. 87 bis zur Woltersdorfer Schleuse fahren.

DAS FLAKENFLIESS MÜNDET BEI ERKNER IN DEN FLAKENSEE

INFORMATIONEN

GASTRONOMIE

Restaurant **Liebesquelle**
Brunnenstraße 2, 15569 Woltersdorf
Telefon 03362 / 5340

Gaststätte **Löcknitz-Idyll**
Fangschleusenstraße 1, 15537 Erkner
Telefon 03362 / 3614

Weitere am Wasser gelegene Restaurants, Eis-Cafés und Imbiss-Buden finden sich unweit der Woltersdorfer Schleuse.

BADESTELLEN

Schwarzer Stubben am Ostufer: Von Woltersdorf mit dem Auto, zu Fuß (20min) oder per Rad erreichbar. Gebührenfreie Parkplätze entlang der Straße zum Zeltplatz. Ab Erkner durch die Hauptstraße Richtung Grünheide bis zur Gaststätte **Löcknitz-Idyll** (großer Parkplatz). Von dort mit dem Fahrrad oder zu Fuß dem Lauf der Löcknitz folgend durch den Wald.

Weißer Strand bei Springeberg am Westufer: Vom Bahnhof Erkner die Woltersdorfer Landstraße etwa 1km in Richtung Woltersdorf. Gegenüber der Straße „Unter den Eichen" rechts in den Wald. Hier finden sich circa zehn Parkplätze.

TIPP Im Woltersdorfer Aussichtsturm aus dem Jahr 1886 erinnert heute eine Ausstellung an Filmproduktionen der Zwanziger Jahre, „als Woltersdorf noch Hollywood war".

FLAKENSEE

Zwischen zwei ungleichen Orten erstreckt sich der Lauf dieses dritten Gewässers der Rüdersdorfer Seenkette von der Woltersdorfer Schleuse bis nach Erkner, wo schließlich die Löcknitz in den Flakensee mündet und dann weiter in den Dämmeritzsee führt.

Zwei öffentliche Badestrände sowie mehrere kleine Badestellen verteilen sich entlang des Wassers, das sich mit städtischen Nahverkehrsmitteln rasch erreichen lässt. Dazwischen säumen Wald und einzelne Villen das Ufer. Von dem von Kiefern bestandenen Strand des Zeltplatzes „Springeberg" am Westufer blickt man auf den Buchenmischwald des gegenüberliegenden Ufers und hinauf zu den Kranichsbergen.

Die Sicht von deren 1886 aus Holz errichteten, 105 Meter hohen Aussichtsturm ist überwältigend: Bei klarem Wetter lässt sich am Horizont noch der Berliner Fernsehturm erahnen, in alle übrigen Richtungen blickt man über die ausgedehnten Waldflächen des Oder-Spree-Landes. Eine Ausstellung im Turminneren erinnert an die Dreharbeiten zu Filmen wie „Das Indische Grabmal" oder „Der Tiger von Eschnapur" aus den Jahren 1920/21, die am benachbarten Kalksee in Szene gesetzt wurden.

Der lang gestreckte Rinnensee, von Berliner Dampfern und Freizeitkapitänen mit ihren tuckernden und segelnden Booten reichlich befahren, ist trotz des regen Verkehrs ein Beispiel gelungener ökologischer Gesundung: Nachdem um 1990 das Teerwerk unweit des Bahnhofes Erkner stillgelegt und abgerissen wurde, blieben die verunreinigenden Abwässer aus. Der See gesundete rasch und weist heute wieder eine Sichttiefe von einem Meter auf.

Die auf beide Längsufer verteilten Wald- und Wiesenstrände sind trotz zugehöriger Zeltplätze öffentlich und gleichen eher Badestellen. Das Gute: Auch an warmen Sommertagen sind sie nicht überfüllt.

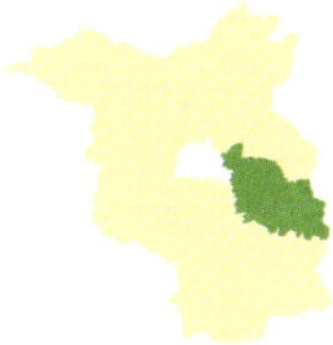

ANREISE

Auto Über die B1 / B5 in Richtung Dahlwitz bis Lichtenow fahren und rechts auf die L 232 in Richtung Kagel abbiegen.

Bus + Bahn S-Bahn oder Regionalexpress bis Erkner, weiter ab ZOB Erkner mit dem Bus 429 nach Kagel Dorfplatz, Kienbaum.

Liebenberger See

INFORMATIONEN

Gastronomie

Gaststätte **Zum schwarzen Rössel**
in Kagel
Siedlerweg 21a
15537 Grünheide (Mark)
Telefon: 033434 / 71124

Gaststätte **Kienbaum**
in Kienbaum
Dorfstraße 52
15537 Grünheide (Mark)
Telefon: 033434 / 71130

TIPP Unweit der 1868 erbauten Kirche in Kagel befindet sich die über 150 Jahre alte Dorfschmiede, die Gerhart Hauptmann wohl zu seiner Tragikomödie „Der rote Hahn“ inspirierte.

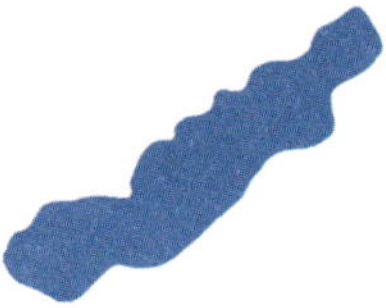

Liebenberger See

Wer das Berliner Stadtgebiet über die B1 vorbei an den gewerblichen Ansiedlungen von Vogelsdorf in östlicher Richtung verlässt, wird kaum vermuten, dass sich nach wenigen Kilometern rechter Hand das Wald- und Seengebiet Grünheides eröffnet. Von Spree und Löcknitz durchflossen, gehört dieses kiefernreiche Waldgebiet zum Berliner Urstromtal.

Vom Dorfkern Kagel mit seinen fünf umliegenden Seen führt eine befestigte Straße vorbei am Bauernsee nach Kienbaum. Schon nach wenigen hundert Metern beginnt das Gewässer des langen und schmalen Liebenberger Sees. Sein Südufer wird von einer ununterbrochenen Reihe genutzter und maroder Gebäude und Sportanlagen abgeschirmt. Vor 1989 war das an die Windungen des Sees angepasste Gelände ein Ressort für trainierende DDR-Spitzensportler, heute untersteht es dem Bundesleistungszentrum.

Entlang der betonierten Straße sucht man daher vergeblich nach zugänglichen Badstellen. Am Ende des Sees, in Kienbaum, wendet sich jedoch das Blatt: Die Straße gabelt sich nach rechts in Richtung Dorfmitte und nach links um die nördliche Spitze des Sees. Von hier an wird das Ufer nur noch von Baumgruppen und kleinen Feldern gesäumt. Ein unbefestigter, aber befahrbarer Wald- und Feldweg führt von der Straße abgehend am Nordufer des Sees entlang. Hier laden kleine Badenischen und an schönen Tagen die wärmende Mittagssonne zum Bleiben ein.

Der Liebenberger See fließt in die alte Löcknitz ab, die sich ab Kienbaum durch eine sumpfige Niederung schlängelt. Dem Besucher Kienbaums mag es also freigestellt bleiben, ob er am See das Ziel seiner Suche nach Frische und Erholung erreicht hat, oder ob das Gewässer zum Ausgangspunkt einer fortgesetzten Landpartie in die Grünheider Wald- und Seenlandschaft wird.

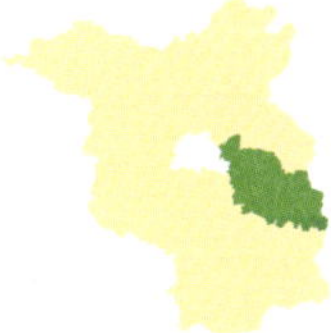

ANREISE

AUTO Über die B1/B5 in Richtung Dahlwitz bis Herzfelde fahren, dann rechts abbiegen und weiter auf der L 23 in Richtung Möllensee.

BUS + BAHN Mit der S-Bahn oder dem Regionalexpress bis Erkner fahren und weiter mit dem Bus 429 Richtung Kagel über Grünheide (Mark).

FAHRRAD Es gibt ausgeschilderte Radwege ab Erkner (Dauer ca. 40 Minuten).

BOOTSANLEGESTELLE AM MÖLLENSEE

INFORMATIONEN

GASTRONOMIE

Gaststätte **Seegarten**
Am Schlangenluch 12
15537 Grünheide (Mark)
Telefon: 03362 / 79600

Gaststätte **Am Peetzsee**
Karl-Marx-Str. 9
15569 Woltersdorf
Telefon: 03362 / 227 26

Gaststätte **Am Werlsee**
Eichenallee 9
15537 Grünheide (Mark)
Telefon: 03362 / 503 594

BADESTELLEN

Badestrand **Bergluch** auf der Fangschleuser Seite. Bewachter Parkplatz, Strandbistro, 9-20Uhr, Sanitäreinrichtungen, Abfallentsorgung.

Badestrand auf der **Grünheider Seite**, mit einer Strandbar, an der viermal im Jahr eine Sommerparty stattfindet. Parkplätze sind im Ort zu finden.

CAMPING

Herberge & Campingplatz **Kagel**
Weg zur Erholung 6/7
15345 Kagel (Ortsteil Finkenstein)
Telefon: 033434 / 70266 u. 70539

TIPP Gleich neben dem Gasthaus „Am Peetzsee" steht die evangelische Kirche „Zum Guten Hirten", ein neuromanischer Backsteinbau aus dem Jahre 1892.

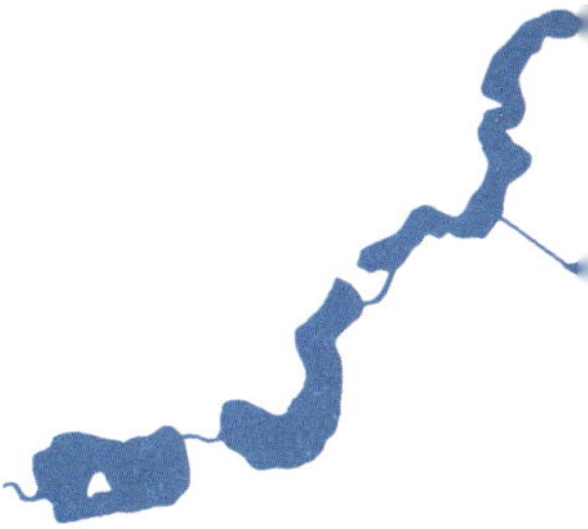

Möllen-, Peetz- und Werlsee

Der Möllensee bildet den Anfang der Grünheider Seenkette. Er ist ein flacher Rinnensee, der sich von der Datschensiedlung Finkenstein etwa zweieinhalb Kilometer lang an bewaldeten Ufern bis nach Alt Buchhorst schlängelt. Am morastigen Nordufer des sechs Hektar großen Gewässers wurden 27 kleine Quellen entdeckt, die vom Hang hinunter zum See sprudeln. Davon sind jedoch nur fünf sichtbar, die anderen verlaufen unterirdisch.
Auf keinen Fall sollte man sich von dem ersten Anschein beeindrucken lassen, der den See recht unzugänglich wirken lässt: In Wahrheit nämlich ist das Ufer zu beiden Seiten fast vollständig begehbar. Radreisenden sei die Südseite empfohlen, denn dort fahren keine Autos. Zu beiden Seiten des bewaldeten Ufersaums gibt es je einen Zeltplatz. Die zugehörigen Badestellen sind öffentlich, die Atmosphäre bestimmt von der Ruhe naturnahen Camperlebens.
Durch ein schmales Fließ mit dem Möllensee verbunden, setzt der Peetzsee mit seinem klaren Wasser den gewundenen Verlauf seines Vorgängers fort. An die Ufer beider Seen schmiegt sich der Ort Alt Buchhorst. Zum Badestrand des Ortes auf der Nordseite führt der Georg-Kaiser-Weg. Von der Straße nach Grünheide aus wird eine weitere Badestelle mit einem schönen Sandstrand sichtbar. Sie ist einem Zeltplatz angeschlossen, es gibt ein Volleyballfeld und einen Kiosk. Schatten ist hier allerdings Mangelware.
Schlägt man in Alt Buchhorst den Weg nach Fangschleuse ein, führt einen die Straße „Am Schlangenluch" direkt zum Südufer des Peetzsees. Dort stößt man zunächst auf Restaurant und Terrasse des Hotels „Seegarten", dessen abwechslungsreich bepflanztes Grundstück sich dem See zuneigt. Die Straße selbst führt über eine kleinere und nicht weiter erwähnenswerte Badestelle schließlich zu einem schönen Strand mit feinem Sand vor waldigem Hintergrund, dem Schlangenluch. Von Ferne betrachtet, könnte man meinen, hier habe in

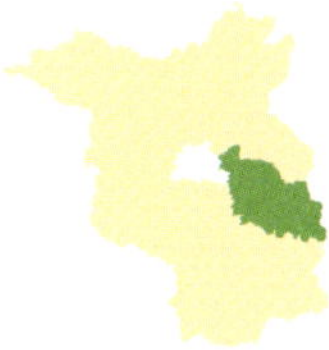

grauer Vorzeit ein Riese ein Stück märkischer Landschaft abgebissen und dabei etliche feinsandige Krümel hinterlassen. Den Kontrast dazu bilden zart bewachsene Waldwiesen vor schattigen Kiefern.

Die nächste Perle in der Gewässerkette ist der Werlsee, der bis zu 15 Meter tief und für seine gute Badequalität bekannt ist. Im Gegensatz zu seinen nördlichen Nachbarn verläuft er jedoch nicht mehr als lang gezogene Rinne: Von den Hängen des Örtchens Fangschleuse aus betrachtet, erinnert seine Form vielmehr an einen bequemen Badezuber, in dem die kleine Insel Lindenwall wie ein Schaumkrönchen schwimmt. Im Sommer schiffen hier Sportboote und kleinere Dampfer, die durch den schmalen Lauf der Löcknitz Einlass in den See gefunden haben. Und auch an seinen Ufern lässt sich vergnügt-harmonisches Badeleben beobachten. Der große, hinter dem Ortsausgang Fangschleuse an der Südseite des Sees gelegene Sandstrand „Bergluch“ mit Kinderspielplatz wird bevorzugt von Familien besucht, deren Oberhäupter von schattigen Plätzen aus genüsslich das Treiben ihrer Kinder beobachten. Für Hunde verordnen Schilder dagegen Leinenpflicht. Die Nähe der Straße bemerkt man kaum, da der Strand an einem Hang liegt. In unmittelbarer Nähe, verdeckt durch ein Strandbistro mit asiatischer und einheimischer Imbissküche, wurde ein Parkplatz angelegt, der – im Gegensatz zum Strand – bewacht wird.

Am gegenüberliegenden Grünheider Ufer befindet sich ein weiterer Strand mit großer Sandliegefläche und vereinzelten schattigen Baumplätzen. Das Volleyballfeld und vor allem die kleine Strandbar machen diese Badestelle im Sommer zum beliebten Treffpunkt der Jugend aus den umliegenden Gemeinden.

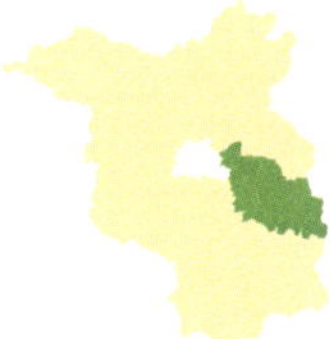

ANREISE

Auto Auf der A10 bis zur Abfahrt Erkner oder Freienbrink fahren und weiter in Richtung Fürstenwalde. Zwei Kilometer nach dem Kreisverkehr rechts in den asphaltierten Waldweg zum See abbiegen.

Bus + Bahn Bis Erkner mit der S-Bahn fahren und dann weiter mit dem Bus 436 Richtung Spreenhagen nach Spreeau/ Störitzsee, Grünheide (Mark).

Fahrrad Mit dem Regionalexpress Richtung Frankfurt/Oder fahren und in Hangelsberg aussteigen. Von hier aus weiter mit dem Fahrrad.

Störitzsee

INFORMATIONEN

Gastronomie

Landhaus **Am Bahnhof Fangschleuse**
Am Bahnhof Fangschleuse 3
15537 Grünheide (Mark)

Service

Kindererholungszentrum **Störitzland**
Am Störitzsee
15537 Grünheide / OT Störitz
Telefon: 03362 / 61 85

Badestellen

Direkt neben dem abgezäunten Strand des Störitzlandes findet sich ein öffentlicher Sandstrand; ebenso auf der gegenüberliegenden Seeseite.

TIPP Eine Radtour entlang der Müggelspree: zwischen Fürstenwalde und Erkner. Oder eine Wanderung entlang der Löcknitz.

STÖRITZSEE

30 Kilometer östlich von Berlins Stadtmitte liegt in einem dichten Kiefernmischwald der Störitzsee. Ein unscheinbares grünes Schild mit der Aufschrift „Kindererholungszentrum Störitzland" weist an der Verbindungsstraße zwischen den Bahnhöfen von Fangschleuse und Hangelsberg rechter Hand auf einen schnurgeraden breiten Waldweg, der zu dem versteckten Gewässer führt. Der klare kleine See ist beinahe kreisrund und bis an sein Ufer von Bäumen gesäumt. Einzig das eingezäunte Ferienheim beansprucht einen von zwei Stegen eingegrenzten baumfreien Strand. Außerhalb der Anlage gibt es jedoch auch zwei wilde Badestellen mit kleinen Waldwiesen und Sandflächen, die im Sommer gerne besucht werden.
Die Gestalt des Sees erinnert an einen einzelnen Eisblock, der sich hier während des Rückzuges der großen Eiszeitgletscher von den Schmelzwasserströmen unbemerkt in den Boden drücken konnte, bis er langsam abschmolz und sich zu einer Wasserfläche glättete. Noch heute prägen die versteckte Lage und das glasklare Wasser seinen Charakter.
Wer mit dem Fahrrad unterwegs ist, kann in kurzer Zeit zwei weitere Entdeckungen machen: Einen knappen Kilometer südlich vom See lichtet sich abrupt der Wald und eröffnet den Blick auf die Auwiesenlandschaft des Berliner Urstromtales. Als schmales Band windet sich die Müggelspree gemächlich an den Orten Mönchwinkel und Spreeau entlang, bevor sie schließlich bei Erkner in den Dämeritzsee fließt. Einzelne Sitzbänke und wilde Badestellen laden auch hier zum Verweilen ein.
Beinahe parallel zu den Spreemäandern fließend bahnt sich etwa zwei Kilometer nördlich vom Störitzsee entfernt die Löcknitz ihren Weg durch die verschatteten Niederungen des Grünheider Waldgebietes. Das Ziel ihrer Reise heißt Erkner, wo sie schließlich in den Flakensee mündet.

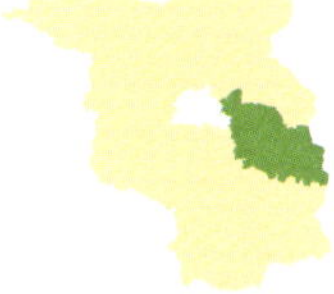

ANREISE

Auto Über die A12 bis zur Ausfahrt Fürstenwalde-West/Bad Saarow fahren und links ab, in Richtung Bad Saarow.

Bus + Bahn Mit dem Regionalexpress nach Fürstenwalde und weiter mit der Regionalbahn nach Bad Saarow-Pieskow.

Rad Die Umgebung des Sees lässt sich gut mit dem Rad entdecken.

Scharmützelsee

INFORMATIONEN

Gastronomie

Bad Saarow:

Gasthaus und Pension **Am Dachsberg**
Silberberger Chaussee 18
15526 Bad Saarow
Telefon: 033631 / 21 95

Restaurant **Café Dorsch**
Humboldtstr. 16
15526 Bad Saarow
Telefon: 033631 / 24 04
Nov. - März: montags Ruhetag

Restaurant **Drei Stuben**
Karl-Marx-Damm 47a
15526 Bad Saarow
Telefon: 033631 / 581 60

Wendisch Rietz:

Restaurant **Fisch-Haus**
Am Kleinen Glubigsee 31
15864 Wendisch Rietz
Telefon: 033679 / 750 73

TIPP Seit zwischen Bad Saarow und Storkow mehr als 100 Kilometer neue Radwege angelegt worden sind, ist die Region um Scharmützel- und Storkower See ein Fahrradparadies.

Scharmützelsee

Theodor Fontane nannte ihn das „Märkische Meer“ und schwärmte begeistert, nachdem er den See an Ostern 1881 für sich entdeckt hatte. Später folgte Dichterkollege Maxim Gorki, um sich hier von seinem Lungenleiden zu erholen, und auch Käthe Dorsch, die göttliche Diva des Stummfilms, soll hingerissen gewesen sein von seinem Antlitz.
Die Rede ist vom Scharmützelsee. Er liegt am Ende jener Schlucht, die sich südlich von Fürstenwalde zwischen den Höhen der Rauener und der Dubrower Berge durch das Berliner Urstromtal zieht. Ihr folgen wir auf Straße oder Schiene, bis sich jene eiszeitliche Endmoränen-Rinne unvermittelt zum Nordufer des Sees hin öffnet. Dort liegt das Kurstädtchen Bad Saarow, das seine Erhebung in den Adelsstand der Erholung allein jenem Wasser verdankt, dessen über zehn Kilometer langgezogene Fläche hier ihren Anfang nimmt.
Auf der anderen Seite, im Süden, konnten bereits im Jahr 1898 erwartungsfrohe Berliner Sommerfrischler in Wendisch Rietz der dampfschnaubenden Eisenbahn entsteigen, die an dem außergewöhnlichen Bahnhof mit Seeblick zum Halten kam. Die Strecke wird noch heute von elektrobetriebenen Regionalzügen befahren.

Hier versteht man Fontanes Begeisterung für den größten See der Mark Brandenburg: Öffentliche Bäder mit hellem Sand, mondäne Villen, die sich gleichermaßen um das Ufer herum verteilen. Aber auch vom Wind beschwingte Segelboote mögen den „Wanderer“ zu seinem maritimen Vergleich angeregt haben. Einige Jahre nach dem Besuch des Dichters fuhr 1898 der erste Ausflugsdampfer von Berlin nach Wendisch Rietz. Heute kreuzen fünf von ihnen zwischen den neun um die Ufer verteilten Anlegestellen. Eine Dampferpartie ist die beste Möglichkeit, den See und die herrschaftlichen Lebensräume einst oder jetzt berühmter Bewohner und Sommersiedler an seinen Ufern zu besichtigen. Die abwechslungsreiche Umgebung des Sees lässt sich jedoch auch zu Fuß oder mit dem Rad vortrefflich entdecken.

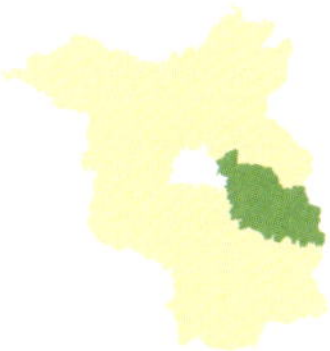

Um das Gewässer herum existiert ein gut ausgebautes Netz von Wander- und Radwegen, zum Beispiel in die Rauener Berge. Neun Kilometer lang ist die Route ab Bad Saarow, die auch zu den gewaltigen Markgrafensteinen führt. Die Findlinge, die eigentlich aus Mittelschweden stammen, zeugen von der Kraft der Eiszeitgletscher, die das Granitgestein mit sich führten und es nach ihrem Verschwinden wie ein Souvenir im märkischen Sand zurückließen. Ein Teil des ursprünglich 29,5 Meter, heute nur noch 17 Meter messenden Steins wurde übrigens 1831 provisorisch vor der Freitreppe des Alten Museums im Berliner Lustgarten aufgestellt. Als polierte Schale ruht der Koloss bis heute auf den vier von Schinkel entworfenen Granitsockeln.
Doch nicht nur solche Naturattraktionen locken im Sommer zahlreiches Publikum, so dass es erst im Winter beschaulicher wird. Da der Scharmützelsee abseits der Transportschifffahrtsrouten liegt, glättet sich der Seespiegel in strengen Wintern zur größten Eislauffläche Brandenburgs.
Besuchern, die auch im Sommer ruhige und naturnähere Gewässer bevorzugen, sei die Glubigseekette im Süden des Scharmützelsees empfohlen. Dort reihen sich der Große Glubigsee, der Springsee, der Melangsee und der Grubensee wie von Wald umgebene Wasserperlen aneinander. Die vier durchgehend schiffbaren Gewässer sind bei Naturfreunden sehr beliebt und verfügen auch über Badestellen, die sich in der Nähe kleiner Campingplätze befinden. Für Motorboote bleiben diese kleinen Seen allerdings gesperrt.

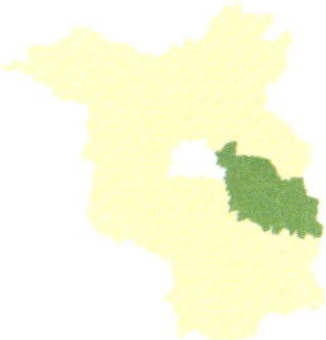

ANREISE

AUTO Die A12 oder die B 246 aus Berlin und Umgebung kommend, Richtung Frankfurt/Oder bis zur Abfahrt Storkow fahren.

BUS + BAHN Mit der Regionalbahn bis Königs-Wusterhausen fahren und weiter mit der Ostdeutschen Eisenbahn bis Storkow (Mark) oder Wendisch Rietz.

DAS SCHLOSS HUBERTUSHÖHE AM SÜDWESTLICHEN UFER DES STORKOWER SEES

INFORMATIONEN

GASTRONOMIE

Restaurant **Windspiel**
im Schloss Hubertushöhe
Robert-Koch-Str. 1
15859 Storkow
Telefon: 033678 / 430,
Leichte, edle und moderne Gourmetküche.

Restaurant **Seeburg**
am benachbarten Küchensee
Bugker Chaussee 3
15859 Storkow
Telefon: 033678 / 627 06

SERVICE

Freibad Storkow, Seestraße 4
15859 Storkow
Telefon: 033678 / 72281
Mai/Juni/Sept.(täglich) 9–18 Uhr
Juli/Aug. (täglich) 9–19 Uhr.
Das Freibad bietet einen Imbiss. Für sportliche Aktivitäten ist gesorgt.

Darüber hinaus verteilt sich eine Vielzahl anderer freier Badestellen inmitten unberührter Natur (das heißt auch ohne WC und Abfalleimer). Der Strandabschnitt Wolfswinkel ist zeitweilig mit Rettungsschwimmern besetzt. Hier gibt es auch Toiletten und Gastronomie.

TIPP Der Aufstieg zu den Waltersbergen lohnt sich: Deutschlands größte Binnendüne entstand vor rund 10 000 Jahren und bietet einen großartigen Rundblick aus 32 Metern Höhe.

Storkower See

Der über fünf Kilometer lange Storkower See wird oft als kleine Schwester des Scharmützelsees bezeichnet. Jedoch schlägt „die Kleine“, so nah sie auch liegen mag, bald ihren eigenen Weg ein, der bis an die Ufer der alten Stadt Storkow im Nordwesten führt. Eine halsartige Verjüngung verengt den etwa einen Kilometer breiten See am Wolfswinkel, so dass er die Gestalt eines aufstrebenden Seepferdchens annimmt. Sowohl die Ufer als auch die zwischen Wald und kleinen Ansiedlungen wechselnde Umgebung sind mittlerweile ein Paradies für Radfahrer geworden. Zwei Kilometer hinter Wendisch Rietz liegt die malerische Ortschaft Dahmsdorf mit der mitten auf einem Ringwall errichteten Wehrkirche St. Thomas. Hinter dem Ortsausgang des 120-Seelen-Dorfes eröffnet sich zur Rechten ein waldiges Gebiet mit Feuchtwiesen, während linker Hand bereits der See durch das Unterholz schimmert.

Das nördliche Ufer des Storkower Sees ist von Wassersport und Tourismus geprägt. So wird Storkow zur Durchgangsstation großer und kleiner Schiffe, die ihre Fahrt erst fortsetzen können, wenn sie in der restaurierten Holzschleuse auf den angepassten Pegelstand gehoben oder gesenkt wurden. Die Dampfer-Anlegestelle befindet sich in unmittelbarer Nähe des örtlichen Strandbades. Wem eine Mischung aus märkischem Kleinstadtflair und Erfrischung angenehm ist, dem seien die beiden Badestellen des Ortes empfohlen. Ein Ausflug in das städtische Freibad erinnert an die Zeit, als man noch „große Ferien“ hatte.

Wer es beschaulicher mag, möge eine der vielen wilden Badestellen aufsuchen, die sich um den See verteilen und mit dem Auto, per Fahrrad oder zu Fuß gut erreichbar sind. Eine solche findet sich etwa bei Dahmsdorf im so genannten Wolfswinkel. Am südwestlichen Ufer des Sees thront das ehemalige Jagdschloss „Hubertushöhe“, dessen Räume heute ein exklusives Hotel beherbergen. Auch hier befindet sich in unmittelbarer Umgebung eine öffentliche Badestelle.

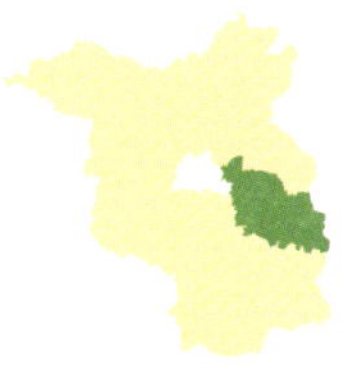

ANREISE

AUTO Die A12 Richtung Frankfurt/Oder bis Abfahrt Friedersdorf fahren und weiter durch Friedersdorf nach Wolzig.

BUS + BAHN Mit der S-Bahn bis Königs Wusterhausen fahren und weiter mit Bus 723 bis Wolzig.

BLICK AUF DEN WOLZIGER SEE BEI BLOSSIN

INFORMATIONEN

GASTRONOMIE

Gaststätte **Grüner Baum** am Nordufer
Hauptstraße 4
15754 Wolzig
Täglich geöffnet ab 10 Uhr (Do. Ruhetag)

Restaurant **Bauernstübchen**
Storkower Straße 1
15752 Heidesee - Kolberg
Telefon: 033768 / 506 68

Gaststätte **Alter Dorfkrug**
Prieroser Straße 1
15752 Heidesee - Kolberg
Telefon: 033768 / 503 00

Restaurant **Fischerei am Wolziger See**
Seeweg 2
15754 Heidesee – Blossin
Telefon: 033767 / 80 45

SERVICE

Freizeitpunkt Kolberg
mit Zeltplatz und Dorfkneipe
Storkower Straße
15754 Heidesee - Kolberg
Telefon: 033768 / 501 29 (Apr.-Okt.)

Übernachtungen und Saisonplätze, kleiner Kinderspielplatz, Laden und Biergarten. Eigener Hafen mit Liegeplätzen.

TIPP Etwa fünf Minuten vom See entfernt liegt der „Freizeitpunkt Kolberg". Hier lässt sich in Ruhe abseits des üblichen Rummels zelten: Sei es nur für eine Nacht oder die ganze Saison.

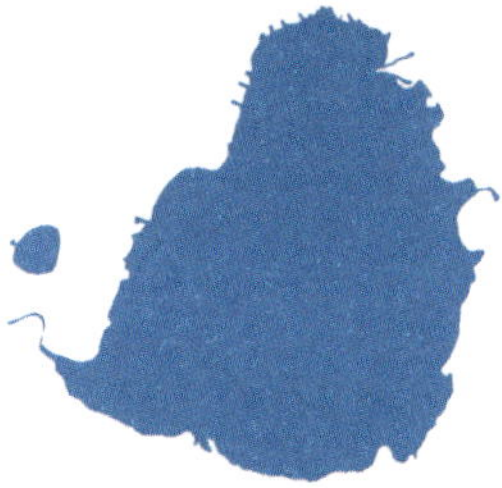

Wolziger See

Vom Storkower See trennt den Wolziger See ein etwa acht Kilometer langer gewundener Graben. Auf seinem Lauf passiert das Wasser das kleine Dorf Philadelphia, dessen Name von einst geplatzten Siedlungsträumen in der Neuen Welt zeugen soll. In Wolzig dann strömt der Kanal am nördlichen Ufer eines großflächigen Sees ein, der seine rundliche Gestalt einem nach der Eiszeit geschmolzenen Eisriesen verdankt, dessen Wasser die einstige Talsandsohle bedeckte. Die Ufer des Wolziger Sees sind über weite Strecken mit Schilf bewachsen. Der Seegrund besteht meistenteils aus Sand, der aber in den flachen Stellen am Südufer auch mit Steinen durchsetzt ist. Die größte Tiefe des Gewässers liegt bei etwa dreizehn Metern. Das Wasser des Sees ist meist sehr klar, Sichttiefen von drei Metern sind daher keine Seltenheit.

In Wolzig selbst laden drei Badestellen und mehrere Gaststätten zum Bleiben ein. Am Südufer des Wolziger Sees ragt in einer Höhe von 90 Metern der Kolberg hervor, an dessen Rand sich das gleichnamige Dorf schmiegt. Schon in den dreißiger Jahren des vergangenen Jahrhunderts priesen Prospekte und Wegweiser an den von Berlin in das märkische Dorf führenden Straßen: „Wahre Wochenendruhe nur in Kolberg am Wolziger See!" In dieser Zeit legten täglich bis zu elf Ausflugsdampfer aus der Großstadt hier an.

Heute befindet sich neben der Anlegestelle und dem kleinen Hafen in Kolberg auch ein Zeltplatz, der zu den kleinsten Campingplätzen in Brandenburg gehört. Einen Biergarten gibt es trotzdem.

Wasserwanderer und Landurlauber schätzen Kolberg gleichermaßen, da vom Dorf aus unterschiedlichste Routen in die abwechslungsreiche Umgebung führen. Darüber hinaus ermöglicht der ortsansässige Bootsverleih Wasserpartien auf dem See, dessen rasche Wandlungsfähigkeit bei stürmischem Wetter jedoch nicht zu unterschätzen ist.

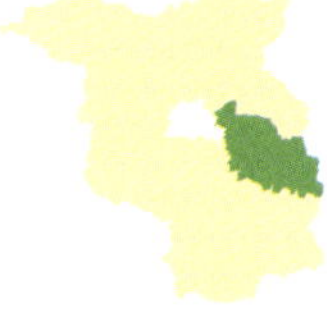

ANREISE

AUTO Auf der A12 Richtung Frankfurt/Oder bis zur Anschlussstelle Fürstenwalde-Ost fahren und weiter nach Beeskow. Dann auf der B87 in Richtung Lübben oder auf der B168 in Richtung Friedland-Lieberose. Oder über die A13 Richtung Dresden bis zur Ausfahrt Duben fahren, dann weiter auf der B87 in Richtung Lübben-Beeskow.

BUS + BAHN Mit dem Regionalexpress bis Cottbus fahren und weiter mit dem Bus 21 bis Goyatz.

STEG AM SCHWIELOCHSEE

INFORMATIONEN

GASTRONOMIE

Gasthaus **Hafenterrasse Goyatz**
Am Bahnhof 31, 15913 Goyatz
Telefon: 035478 / 130 23, täglich ab 11.30 Uhr (Okt.– Apr.: Mo. Ruhetag)

Café und Restaurant **Am See**
Am Bahnhof 37, 15913 Goyatz
Telefon: 035478 / 441

Gasthaus **Vier Linden**
Am Bahnhof 39, 15913 Goyatz
Telefon: 035478 / 686

BADESTELLEN

Goyatz: Strandbäder, Liegewiesen, Spielflächen, Bootsverleih. Die Strände sind bewacht.

Zaue: Offizieller FKK-Strand nördlich des Campingplatzes Zaue. Durch den angrenzenden hohen Kiefernwald, der zudem noch auf einer Anhöhe steht, liegt er am Nachmittag jedoch vollständig im Schatten. Anfahrt über den Campingplatz.

Niewisch: Gebührenfreie Badestelle, Parken gebührenpflichtig, Toiletten. Gaststätte **Fischer-Hütte**.

Speichrow: Campingplatz, Wiesenstrand, Wasserski- und Motoryachtclub, Eiscafé und das Gasthaus **Zur Linde** befinden sich im Ort.

TIPP Im Licht der aufsteigenden Morgensonne hat man von Zaue aus eine großartige Aussicht auf den See in seiner ganzen Weite und auf die dahinter ansteigende Hügellandschaft.

P

Schwielochsee

In einem weiten Bogen fließt die Spree vom Unterspreewald über den Neuendorfer See bei Alt Schadow, um sich dann zu gabeln und von Westen her in den Schwielochsee zu münden.

Auf der anderen Seite des Gewässers steigen im Osten flachwellige Hügel zur Lieberoser Hochfläche an. Sie wurde von den Gletschern der letzten Eiszeit geformt. Der Schwielochsee selbst – mit 11,7 Quadratkilometern Fläche Brandenburgs zweitgrößter See – verdankt seine Entstehung jedoch weder der Spree noch den Folgen der Eiszeit: Die Legende, die noch heute vom Kneipentisch aus gerne an Ortsunkundige weitergetragen wird, erzählt, ein schnüffelndes Schwein habe einst im sumpfigen Wiesengrund eine Wasserquelle frei gegraben, die bald darauf zu einem See anschwoll. Offenbar verweist auch der heutige Name des Sees auf eine Ableitung der ursprünglich slawischen Bezeichnung „Swinlug“, Schweinesumpf.

Tatsächlich vermerken die Chroniken, dass der Wasserspiegel an dieser Stelle im 15. Jahrhundert anzusteigen begann und sich zu einem buchtenreichen See ausweitete. Schuld war jedoch nicht das besagte Schwein, sondern der Fiskus zu Beeskow, der mit seinem Beschluss, an der Spreemündung mehrere Mühlen und einen Damm zu bauen, einen Rückstau des Flusses verursacht hatte. Das Spreewasser flutete allmählich den von Erlen, Weiden und anderen Sumpfpflanzen bewachsenen und als Schweineweide genutzten Grund. Auch ein großer Teil der einstigen Häuser von Sawall fiel der Überschwemmung zum Opfer. Zur Entschädigung bekamen die Bauern dieses am Westufer gelegenen Dorfes die Fischereirechte für den See.

Auch heute noch bleibt die kleine Straße zwischen Zaue und Sawall auf gebührendem Abstand zum See – vielleicht eine Reminiszenz an vormalige Überschwemmungsgefahren. Badeplätze lassen sich daher an diesem Abschnitt nicht erreichen. Doch von Zaue aus entschädigt dafür die Ansicht des Sees in seiner ganzen Weite und der

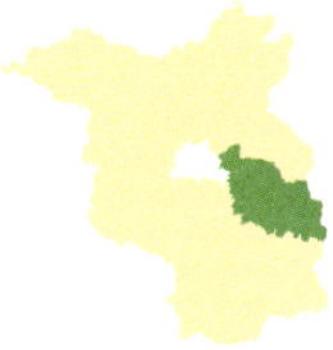

dahinter ansteigenden Hügellandschaft. Im Licht der aufsteigenden Morgensonne gerinnt der flüchtige Eindruck zum bleibenden Bild.
Im Süden liegt die Gemeinde Goyatz, mit ihrer für den Ausflugs- und Ferientourismus umfangreichen Infrastruktur. Von hier aus überblickt man jedoch nur einen kleinen Teil des Sees. Liebhaber großer Panoramen fahren also besser weiter.
Am Ostufer dagegen reichen die mit Zeltplätzen und Badestellen gut ausgestatteten Dörfer Jessern, Speichrow, Niewisch und Möllen bis an den See heran. Vom Weinberg in Pieskow lässt sich die beste Aussicht über einen großen Teil des Gewässers genießen, das trotz seiner großen Fläche einen lieblichen Eindruck hinterlässt. Seine Vielfalt an Buchten und schmalen, zu zahlreichen Nebenseen führenden Wasserhälsen sorgt für ein abwechslungsreiches und vielgestaltiges Bild.
Am besten beschließt man den Tag dann an der sonnigsten Badestelle am Nordostufer des Sees. Von hier aus wirken die schmalen Ufer der gegenüberliegenden Orte Sarkow und Niewisch wie Miniaturen.
Am Nordausgang des Schwielochsees erweitert sich die strömende Spree noch einmal zu den beiden Gewässern des Glower Sees und des Leißnitzsees, um danach in verengter Flussbreite ihren Weg nach Norden in Richtung Beeskow zu nehmen. Von Friedland aus führt eine kleine Straße zur Badestelle am Leißnitzer Ostufer.
Ab Trebatsch verläuft die Bundesstraße 87 durch das von isolierten Kleinseen begleitete Durchbruchstal der Spree. Durch ein schmales Waldufer und die Häuser des Dorfes Ranzig gesäumt, laden der Ranziger See und der Tiefe See zum Verweilen und Baden abseits des Trubels auf dem Schwielochsee ein.

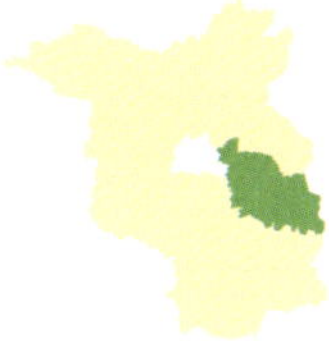

ANREISE

Auto Über die A12 bis Frankfurt/Oder-Süd in Richtung Eisenhüttenstadt. Ab hier der Ausschilderung zum Helenesee folgen.

Bus + Bahn Mit dem Regionalexpress bis Frankfurt/Oder und weiter mit dem Bus 984 Richtung Helenesee.

Einzigartige Bachlandschaft: Das Schlaubetal südlich des Helenesees

INFORMATIONEN

Gastronomie

Café und Gästehaus **Zum Schäfer**
Malchow 1 (am Helenesee)
15236 Frankfurt/Oder
Telefon: 0335 / 284 78 30

Service

Bewachte Badestellen am Haupt- und am Oststrand auf dem Gelände des **Frankfurter Freizeit & Campingparks**
Helenesee 2
15236 Helene-See
Telefon: 0335 / 55 66 60

Am Helenesee gibt es ein Boots- und Surfcenter und einen Tauchsport-Club.

Beschilderte Wanderwege führen um den See (13km), zu den Biegener Hellen (3km), nach Markendorf (6,5km) und nach Frankfurt/Oder (10,5km).

Einkaufszentrum am Nordufer, diverse Imbissgaststätten auf dem Gelände der öffentlichen Badestellen und des Zeltplatzes.

TIPP Nur sechs Kilometer vom Helenesee entfernt liegt die Ortschaft Müllrose. Sie gilt als das „Tor zum Schlaubetal“, einer in der Mark Brandenburg einzigartigen Bachlandschaft.

Helenesee und Katjasee

Nahezu unvermutet breitet sich der Helenesee in den Kiefernmischwäldern aus, die südlich an die Lebuser Hochfläche grenzen. Obgleich in unmittelbarer Nähe zum Oderfluss und zur Schlaube, speist sich der See allein aus dem Grundwasser. Entstanden ist er ab 1959 aus einer riesigen ehemaligen Sandhalde, in der zuvor 30 Jahre lang Braunkohle abgetragen wurde. Bis zu 70 Meter tief hatten sich die Abraumbagger ins Erdreich gegraben. Nachdem die Vorkommen ausgeschöpft waren, begann Anfang der sechziger Jahre die Renaturierung des ehemaligen Tagebaus zu einem großen Badesee. Das einlaufende Wasser verwandelte die erstarrte Mondlandschaft binnen weniger Jahre in ein einzigartiges Erholungsgebiet. Es entstanden über einen Kilometer lange hellsandige Strände und großzügige Sport- und Spielanlagen. 250 Hektar Wasserfläche bedecken heute den einstigen Kohlekrater, und die Sichttiefe reicht bis zu acht Metern. Der Helenesee zählt zu den klarsten Gewässern in Brandenburg und wurde zu einem beliebten Revier für Tauchsportler. Die Wasseroberfläche dagegen gehört den Badegästen, Seglern und Paddelbooten. Motorenlärm ist verboten, einzig die Rettungsaufsichten und ein Bootsverleih beanspruchen das Vorrecht auf einen schnellen Antrieb.

So genießt der See nicht zu Unrecht seinen Ruf als „kleine Ostsee“. Und ganz gleich, ob man ihn zu ersten Mal besucht oder treuer Dauergast ist – der Anblick der weiten weißen Sandstrände vor dem dunklen Kiefernband der Wälder bleibt beeindruckend.

Die Westseite des Sees, das nördlich gelegene Hauptufer, sowie einige Abschnitte des Ostufers werden seit einigen Jahren von der Helene-See-AG bewirtschaftet. Ein uferbegeleitender Zaun, der nur gegen Eintritt durchschritten werden kann, schließt zwei große öffentliche Badeanstalten, eine Bungalowsiedlung und einen Dauerzeltplatz ein.

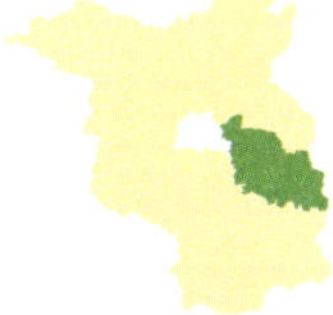

Der als FKK-Strand ausgewiesene Abschnitt am Westufer wurde zwar ebenfalls saniert, der betonharte

Sand und sich ausbreitende Kräuter beeinträchtigen die Strandqualität jedoch erheblich. Anhänger nudistischer Badefreuden weichen daher auf den Oststrand aus.

Der durch einen schmalen Wasserhals verbundene und gleichsam anhängende Schwesternsee mit dem schönen Namen Katja ist inzwischen in privatem Besitz. Das Baden und Verweilen an seinen Ufern wird jedoch geduldet und besonders von Besuchern geschätzt, die dem bunten und lauten Badebetrieb nebenan keine Freude abgewinnen können. Der Katjasee lässt sich am besten von dem drei Kilometer östlich gelegenen Ort Brieskow-Finkenheerd aus erreichen. Gewarnt sei allerdings hier – wie auch an der Südseite des Helenesees – vor der Gefahr des Abrutschens unterseeischer Kiesmassen.

Übrigens lässt sich ein Badeausflug zum Helenesee mühelos mit der Erkundung einer in der Mark Brandenburg einzigartigen Bachlandschaft verbinden: Die nur sechs Kilometer entfernte Ortschaft Müllrose gilt als das „Tor zum Schlaubetal". Der langgestreckte Müllroser See, der ebenfalls über zwei Badestellen verfügt, ist die letzte Station der Schlaube, bevor sie in den Oder-Spree-Kanal mündet. Ihrer Fließrichtung entgegenwandernd, erlebt man einen mittelgebirgsartigen Bach, der sein Bett in bis zu 30 Meter tiefe Schluchten gespült hat. Kleinere Gewässer, wie etwa der Schervenzsee, alte Wassermühlen, dichte Hainbuchenwälder und Erlengründe prägen die Landschaft des Naturparks Schlaubetal. Ein zehn Kilometer langer Wanderweg begleitet den Bachgrund. Zahlreiche Einkehrmöglichkeiten bieten sich in den Forsthäusern und ehemaligen Mühlen an.

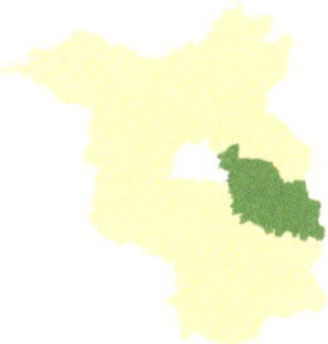

Das Dahme-Seen-Land

„Die wendische Spree [Dahme], mehr noch als die eigentliche, bildet eine große Anzahl prächtiger Seeflächen, die durch einen dünnen Wasserfaden verbunden sind." (Theodor Fontane)

Dieses traditionelle Naherholungsgebiet der Großstädter – zwischen Berlin und dem Spreewald gelegen – schließt sich südwestlich an das Oder-Spree-Seengebiet an und wird von der Dahme, einem 95 Kilometer langen Nebenfluss der Spree, durchflossen. Die Dahme entspringt bei ihrem gleichnamigen märkischen Ort und führt ihr Wasser, kleinere Städte wie Märkisch-Buchholz und Königs Wusterhausen berührend oder durchfließend, am Köpenicker Schloss der Spree zu.
Bei Briesen tritt der Fluß in den Naturpark Dahme-Heideseen ein und weitet ab Prieros seinen Lauf zur Teupitzer Seenkette. Sumpfige Erlengünde, ausgedehnte Wälder, Wiesen und Heideflächen sowie 70 Seen, die ein 80 Kilometer langes schiffbares Gewässernetz bilden, bereichern diese Landschaft zwischen der Hochfläche des Teltows und dem Baruther Urstromtal.
Die meisten Seen entstanden nach dem nacheiszeitlichen Abschmelzen der Eismassen, wenigen andere fluteten ihre Wasser in die steilhangigen und ausgeschöpften Bergbaugrabungen der letzten 150 Jahre.

2

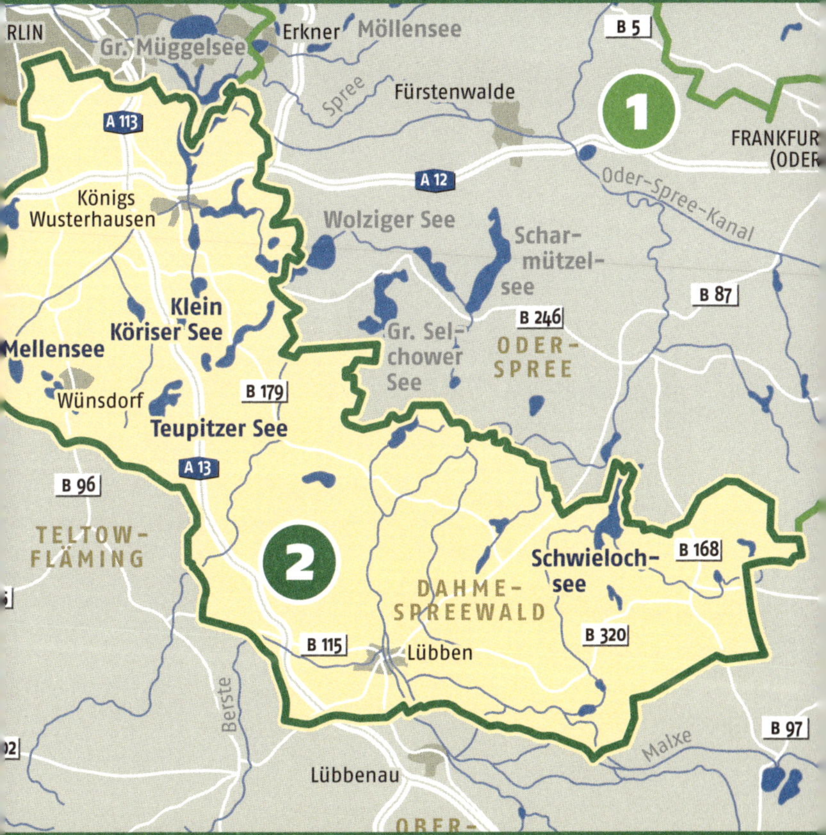
RLIN
Gr. Müggelsee
Erkner
Möllensee
B 5
Spree
Fürstenwalde
1
A 113
FRANKFUR
(ODER
A 12
Oder-Spree-Kanal
Königs
Wusterhausen
Wolziger See
Schar-
mützel-
see
B 87
Klein
Köriser See
B 246
Mellensee
Gr. Sel-
chower
See
ODER-
SPREE
Wünsdorf
B 179
Teupitzer See
A 13
B 96
TELTOW-
FLÄMING
2
Schwieloch-
see
B 168
DAHME-
SPREEWALD
B 320
B 115
Lübben
Berste
B 97
Malxe
Lübbenau

ANREISE

Auto B96a bis Autobahndreieck Treptow auf A113 Dresden, ab Schönefelder Kreuz A13 Anschlussstelle Teupitz.

Bus + Bahn S-Bahn bis Königs Wusterhausen und weiter mit dem Bus 726 bis Teupitz.

Teupitzer See

INFORMATIONEN

Gastronomie

Restaurant **Schenk von Landsberg**
Lindenstr. 5
15755 Teupitz
Telefon: 033766 / 67 00

Gaststätte **Bauernschänke**
Markt 3
15755 Teupitz
Telefon: 033766 / 631 46

Hafen Café
Markt 16
15755 Teupitz
Telefon: 033766 / 624 96

Badestellen

Badestelle am Schweriner See
freier Zugang, gastronomische Versorgung, Sanitäreinrichtung, Liegewiese, Bootsverleih, Parkplatz
Mochheidestraße, 15755 Schwerin

Campingplatz

Campingplatz am Teupitzer See bzw. am Schweriner See, 15755 Teupitz
Telefon: 033766 / 628 29

Teupitz ist eine der ältesten Städte der Mark Brandenburg und mit ca. 1 800 Einwohnern sicherlich auch eine der kleinsten Städte in ganz Deutschland.

TIPP Wer Lust auf eine Bootstour im alten Stil hat, der besteigt in Berlin-Treptow einen Ausflugsdampfer. Endstation ist dann nach mehrstündiger Fahrt der Teupitzer See.

Teupitzer See

„Immer dieselben alten und wohlbekannten Elemente: See und Sand und Kiefer und Kussel." (Theodor Fontane)

Am Marktplatz von Teupitz steht ein alter Baum, den ein weiteres Fontane-Zitat ziert, in welchem er die geheimnisvolle Ruhe von Ort und See preist. Tatsächlich geht es in der gerne besuchten Hauptstadt des „Schenkenländchens" alles andere als hektisch zu. Nachgerade gelassen folgen die Teupitzer Häuser dem buchtenreichen Südostufer des Sees, in den einer Nase gleich die über einen Damm mit dem Land verbundene Schlossinsel ragt. Die Edlen „Schenken zu Landsberg und Seyda", denen der Landstrich auch seinen Namen verdankt, hatten hier bereits im 14. Jahrhundert ihre erste Burg errichtet. Bis vor kurzem noch konnte das als Hotel genutzte Schlossgelände besichtigt werden. Derzeit jedoch bleiben Besuchern die Pforten des bis etwa 1718 zu einer stattlichen Wasserburg ausgebauten Anwesens verschlossen, die weitere Zukunft ist ungewiss.

Um den See herum verteilen sich mehrere Strände und öffentliche Badeanstalten. Vor der unscheinbaren Teupitzer Badestelle hinter dem Ortsausgang Richtung Egsdorf befindet sich zwar eine größere Parkfläche, der schönere Weg aber führt über die Uferpromenade vom Ortskern zur Liegewiese. Wanderlustige Besucher gelangen auf ausgeschilderten Wegen mühelos in die waldreiche Landschaft, die südlich des Ortes hügelig ansteigt. Vom Jeesenberg aus lässt sich die umliegende Kessellandschaft mit Hügeln, See und Heide majestätisch überblicken. Nur zwei Kilometer entfernt liegt der versteckte Tornower See.

Der Teupitzer See misst in Länge und Breite etwa sechs auf drei Kilometer, bevor er in den Schweriner See übergeht. Der Seegrund reicht bis zu sieben Meter hinab. Seinen Charme erlangt das Gewässer durch die zahlreichen Buchten und seine beiden größeren Inseln – den Egsdorfer und den Schweriner Werder.

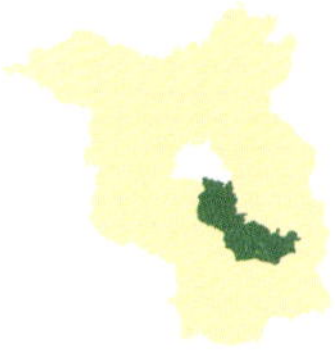

Liefen noch vor 100 Jahren Lastkähne vom Teupitzer Hafen aus, um Feldfrüchte und Ziegel nach Berlin zu schiffen, so hat sich die Nutzung des Gewässers heute verändert. Der Teupitzer See ist zum Ausgangspunkt von Wandertouren und touristischen Wasserrundfahrten geworden. Er bildet den Beginn der nördlich bis Prieros fließenden „Teupitzer Seenkette", die zehn Rinnenseen miteinander verbindet. Ab Prieros verstärkt die einmündende Dahme die Kraft der in Richtung Berlin fließenden Strömung.

Zwei besonders schöne „Perlen" dieser Kette sind der Schmöldesee und der Hölzerne See: Die Schmölde zieht sich im Gewande eines breiteren Flusses durch den märkischen Kiefernmischwald. Zwei größere Campingplätze mit öffentlichen Badestellen verteilen sich auf das Westufer, während die gegenüberliegende Seite unbewohnt bleibt. Nach drei Kilometern öffnet sich das Gewässer zum Hölzernen See. Ein Erholungszentrum am Nordufer des Sees sowie zwei Waldzeltplätze säumen die Ufer. Kanus, Ruderboote und so genannte Surfbikes können entliehen werden.

Theodor Fontane allerdings beließ es während seiner „Wanderungen" 1894 bei einer einfachen Rundfahrt auf dem Teupitzer See. Seinem verzückten Blick auf die wie „losgelöste Schollen" treibenden Inseln war die beschwerliche Kutschpassage von Berlin vorausgegangen. Die Eintönigkeit der Kiefernforste ließ ihn den Landweg wie die aufgereihten Schützenlinien eines Heerlagers empfinden.

Dennoch wirken der Abwechslungsreichtum und die Schönheit der Teupitzer Seenkette am nachhaltigsten, wenn man – geborgen im Rumpf eines Kanus – in nahezu lautloser Bewegung auf ihrer Wasseroberfläche entlang gleitet.

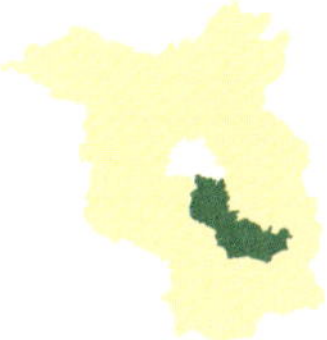

ANREISE

AUTO Die A13 in Richtung Dresden bis zur Abfahrt Teupitz fahren. Der Weg nach Tornow ist ab hier ausgeschildert.

BUS + BAHN Mit dem Regionalexpress bis Königs-Wusterhausen fahren und weiter mit dem Bus 727 bis Tornow Dorf.

TORNOWER SEE

INFORMATIONEN

GASTRONOMIE

Gasthaus **Zur Linde** mit Biergarten
Seestr. 27
15755 Tornow
Telefon: 033766 / 625 14
Ganzjährig geöffnet, Di.-So. ab 10 Uhr, Mo. Ruhetag, Parkmöglichkeiten am Platz vor dem Gasthaus oder im Dorf.

Gaststätte **Grüner Baum**
Dorfplatz 3
15755 Tornow
Telefon: 033766 / 62392
Dienstag Ruhetag.

SPEZIAL

Jeden Freitag Wildverkauf beim Förster (im Gasthaus **Zur Linde** nachfragen).

BADESTELLEN

Die Badestellen werden nicht mehr bewirtschaftet. Um die anmutigen und ruhigen Orte auch in Zukunft genießen zu können, sollte also der eigene Müll wieder mitgenommen werden.

TIPP Auf Karten nur unscheinbar und namenlos verzeichnet, jedoch ein Kleinod klarsten Wassers: Der Tabaksee lädt zu einem ungestörten Bad inmitten des umliegenden Waldes ein.

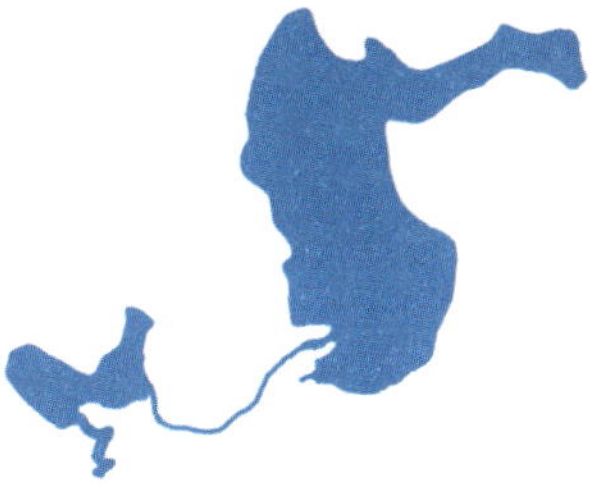

Tornower See

Zwei Kilometer von Teupitz entfernt liegt der See hinter dem höher gelegenen Dorf Tornow versteckt. Bereits am Ortseingang zeigt sich das Wasser von Ferne, die beiden Badestellen jedoch erreicht erst, wer den Dorfanger passiert und vor dem „Gasthaus zur Linde“ den Abzweig zum See genommen hat.

Die „Erste Badestelle“ wurde ursprünglich nur von den Dorfbewohnern genutzt und liegt vor einem alten Herrenhaus, dessen einstiger Besitzer bereits Anfang des Jahrhunderts den Uferstreifen für die Öffentlichkeit zur Verfügung stellte. Später, als Tornow immer stärker zum Ziel sonntäglicher Ausflüge wurde und etliche Ferienlager in der Umgebung entstanden, legte man die benachbarte „Zweite Badestelle“ mit Spielplatz, Sandstrand und Stegbefestigung an. Seit dem Verschwinden der Ferienlager wird die Badestelle nicht mehr bewirtschaftet, aber gerne genutzt, denn die Anmut und Ruhe der Gegend blieben. Der See ist sehr sauber und nur einige Anglerboote und Schwäne kräuseln an windstillen Tagen seine Wasseroberfläche.

Bis auf wenige Hausgrundstücke wird das Ufer ausschließlich von Wald und Steilböschungen umsäumt. Die naturdenkmalgeschützte „Klingequelle“ am südlichen Ende des kleinen Sees wurde in den letzten Jahren ihrer Behausung beraubt, was jedoch ihren quellenden Zufluss in den See nicht zum Versiegen brachte.

Um den See führt ein ausgeschilderter 3,5 Kilometer langer Naturlehrpfad. Ein kürzerer Spaziergang führt an der „Klingequelle“ vorbei in den Wald zum Briesensee, der sich für ein Bad nicht eignet, aber zum Verweilen mit und ohne Picknickkorb einlädt.

Wer auf ein Kleinod klarsten Wassers und ein ungestörtes Bad inmitten des umliegenden Waldes gespannt ist, möge den freundlichen Wirt des Gasthauses „Zur Linde“ nach dem „Tabaksee“ fragen. Dieser Waldsee verdankt seine Bezeichnung den Bauern, die einst – vergeblich – versuchten, das Rauchblatt in dieser Gegend anzusiedeln.

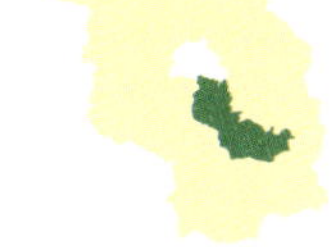

ANREISE

Auto Über die B96a bis Autobahndreieck Treptow auf A113 Richtung Dresden fahren, ab Schönefelder Kreuz auf die A13 bis zur Anschlussstelle Groß Köris. Es gibt keine Parkplätze in unmittelbarer Nähe zum See, deshalb Parkmöglichkeiten in Klein Köris nutzen.

Bus + Bahn Mit dem Regionalexpress bis Königs Wusterhausen und weiter mit dem Bus 725 Richtung Märkisch Buchholz Mark.

Sandstrand am Tonsee bei Klein Köris

INFORMATIONEN

Gastronomie

Café **Erika**
Chausseestraße 7
15746 Klein Köris
Telefon: 033766 / 627 27

Hotel **Lindengarten**
Chausseestraße 57
15746 Klein Köris
Telefon: 033766 / 627 21

Badestellen

Große Badestelle an der östlichen Seite, Sandstrand, dahinter liegt der Zeltplatz. Kleinere Badestelle mit Wiesenstrand an der nördlichen Uferseite.

Unterkunft

Jugendherberge **Köriser See**
Am See 5, 15746 Klein Köris
Telefon: 033766 / 627 30

Camping

Düring's Campingplatz am Tonsee
Am Hang 15, 15746 Klein Köris
Telefon: 033766 / 415 95.

TIPP Jeden Ausflug krönt nach untergegangener Sonne ein Besuch im Café Erika im Ort. Hier bekommt man auch diverse Informationen zur Geschichte des Sees und dessen Nutzung.

Tonsee bei Klein Köris

Nachdem Theodor Fontane die Landschaft um die Teupitzer Seenkette erkundet hatte, berichtete er neben der Schönheit der Gegend auch von den qualmenden Schloten der Ziegelein, in denen der reichlich vorhandene Ton, der unter dem märkischen Sand lagerte, zu Ziegelsteinen gebrannt wurde.

Als Relikte der einstmals blühenden Tonindustrie finden sich noch heute im Dahme-Seengebiet viele Tonseen, die sich aufgrund der ausgezeichneten Wasserqualität bei Badelustigen großer Beliebtheit erfreuen.

Eines dieser Gewässer ist der Tonsee bei Klein Köris, der, als ehemalige Tongrube um 1860 angelegt, den Rohstoff für die Ziegelproduktion zur Zeit des Baubooms in Berlin lieferte. Die Ziegel wurden mit Lastkähnen über den Hölzernen See und den Schmöldesee nach Berlin verschifft.

Während des Dritten Reiches wurde Munition in der Tongrube gelagert (während noch Ton abgebaut wurde). Als die Grube unerwartet voll Wasser lief, starben einige Obersteiger und Arbeiter. Eine Transport-Lok samt Waggon wurde unter dem einströmenden Grundwasser begraben. Beide über einen heute überfluteten Rücken verbundenen Seekessel füllten sich rasch mit Grundwasser.

Heute erfreuen sich Hobbytaucher der Relikte ehemaliger Abbautätigkeit: eiserne Lorengleise und dazugehörende Loren sowie ein Pumpenhaus gehören ebenso zur Unterwasserwelt wie eine Vielzahl versunkener teils stattlicher Bäume.

Das weiche Seewasser füllt eine Tiefe von 80 Metern aus und schimmert an sonnigen Tagen in blau-grünen Farbtönen. Es wird von unterirdischen Quellen berichtet, die dem See an dessen Südseite stets frisches Grundwasser zulaufen lassen und deren Strömung das langsame Verschwinden der schmalen Landzunge, die vor einigen Jahrzehnten das Gewässer in zwei Seen teilte, fördert. Um den verwunschen anmutenden Waldsee verteilen sich zwei Badestellen, einige private Grundstücke und zwei kleinere Zeltplätze.

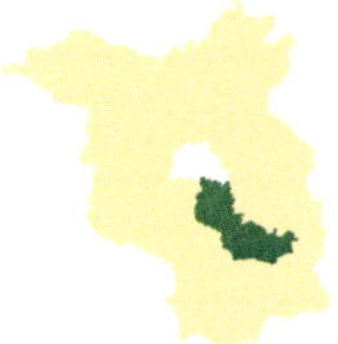

Insgesamt blieb der Tonsee vom Bade-Tourismus jedoch nahezu verschont und bewahrte seine Lieblichkeit aufgrund einer nicht vorhandenen Infrastruktur. Nur an den heißen Sommerwochenenden fallen manchmal Besuchergruppen in Partylaune mit lauter Musik ein und hinterlassen Müllhaufen. Da in dem Landschaftsschutzgebiet weder gegrillt noch geraucht werden darf, achten die Besitzer der anliegenden Flurstücke häufig sehr genau auf die Einhaltung dieses Verdiktes.
Trotz guter Erreichbarkeit von der Autobahn dringen weder Abgase von Auspuffschloten noch störendes Motorenbrummen vorbeiziehender Autos zu dem versteckt liegenden See.
Der Tonsee empfiehlt sich einerseits als eine Oase für Picknick und Bad. Andererseits bieten sich ab Klein Köris weite Radwanderungen in das umliegende Landschaftsschutzgebiet zu kleinen Siedlungen (Löpten, Halbe) mit Landgasthöfen an.

P.S. Zwei Gewässer gleichen Ursprungs sind die Tonteiche bei Körbiskrug. Obwohl näher bei Berlin gelegen als der Köriser Tonsee, bewahren die Tonteiche ebenso ihre abgeschiedene Lage am Rande des Körbiskruger Ortsteiles Kamerun. In veralteten Karten sind die Teiche selten oder nur als namenlose Wasserflecken verzeichnet. Zudem strömen die meisten Ausflügler in die bekannteren Ausflugsreviere um Königs Wusterhausen.
Die Ufer beider Wasserflächen sind ausschließlich von Wiesen und Wald umgeben. Um den größeren der beiden Teiche verteilen sich zwei sonnenbeschienene Liegewiesen, die über einen Uferweg verbunden sind. Die künstliche Anlage des Teiches lässt sich an der ungewöhnlichen Kontur des Ufersaumes erahnen. Die Wiese wölbt sich an ihrem Übergang zum Wasser zu einer Böschung auf, um dann abrupt in die Tiefen des Sees abzufallen. Hier liegt auch einer der ersten Nacktbadestrände Deutschlands.

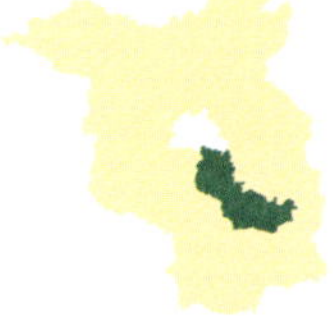

ANREISE

AUTO Über die B96a bis Autobahndreieck Treptow auf A113 Richtung Dresden fahren, ab Schönefelder Kreuz auf die A13 bis zur Anschlussstelle Groß Köris. Es gibt nur wenige Parkplätze in unmittelbarer Nähe zum See, deshalb Parkmöglichkeiten in Groß Köris nutzen.

BUS + BAHN Mit dem Regionalexpress bis Berlin Schönefeld Flughafen und weiter mit der Regionalbahn nach Groß Köris.

GROSSER KARBUSCHSEE

INFORMATIONEN

GASTRONOMIE

Pension **Schwalbennest**
Am Karbuschsee 2
15746 Groß-Köris
Telefon: 033766 / 62940

SERVICE

Die öffentliche Badestelle liegt auf der östlichen Seite des kleinen Sees und bietet einen Sandstrand unter Kiefern. Kleinere Wiesen und vorgelagerte Parkmöglichkeiten unter Bäumen. Auch an warmen Sommertagen ist der Badestrand selten überfüllt.

TIPP Ein Spaziergang in nördlicher Richtung zum Pätzer Hintersee.

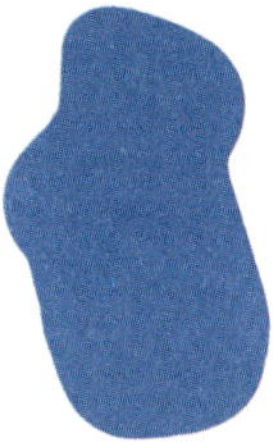

GROSSER KARBUSCHSEE

Der Karbuschsee liegt in einer Kiefernwaldlandschaft unweit des Ortes Groß Köris. Weitere solitäre Waldseen geringer Größe verstreuen sich in der Umgebung, aber dieser See behauptet eine Ausnahmestellung unter seinen Vettern. Mit einer beträchtlichen Tiefe von über zwanzig Metern schließt der See das klarste Wasser der Umgebung in sein überschaubares Rund ein. Von Berlin über die Dresdener Autobahn schnell erreichbar, ist er jedoch schwer zu finden, da nur eine unscheinbare und in ihrem Verlauf unbefestigte Wald- und Feldstraße ab Groß Köris zu seinem Ufer führt.

Nur wenige Häuser stehen am See und beeinträchtigen dessen Ruhe nicht. In den Morgenstunden lässt sich keines Menschen Regung vernehmen; nur die Vögel und das Rauschen der Kiefern geben den Ton an. Die Pension „Schwalbennest" mit Seeterrasse war einst die Villa der berühmten Artistenfamilie Kremo. Der Hochseilartist Josef Kremo, 1854 geboren, und dessen Frau Franziska Alniger, eine ungarische Kunstreiterin, gründeten diese Artistendynastie. Die älteste Tochter lebte hier bis 1973. Die Pension bietet neben einem Mittagsangebot für Laufkundschaft auch Fremdenzimmer an. Den Pensionsgästen ist es vorbehalten, den Steg als Badestelle zu nutzen.

Die öffentliche Badestelle liegt auf der östlichen Seite des kleinen Sees und bietet einen Sandstrand unter Kiefern, kleinere Wiesen und vorgelagerte Parkmöglichkeiten unter Bäumen. Auch an warmen Sommertagen ist der Badestrand nicht überfüllt.

Neben der Pension ist das Ufer mit einem kleinen Schlösschen bestanden sowie kleineren Wochenendbungalows. Eine Besonderheit ist ein Grundstück im Stile eines gründerzeitlichen Mietshauses, dessen Ähnlichkeit zu Berliner Innenstadtbauten die Vorstellung weckt, als hätte der Erbauer die Versöhnung zwischen städtischem Wohnen und ersehnter Naturnähe gesucht. Von Bäumen und einer Wiese gesäumt, bleibt dieses Haus in respektvollem Abstand zum Seeufer.

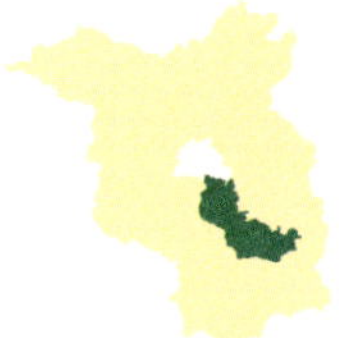

ANREISE

Auto Die A13 Richtung Dresden bis zur Abfahrt Teupitz fahren, oder B179 bis Teupitz, dann die Straße ab Märkisch Buchholz rund 6 km durch den Wald.

Bus + Bahn Mit der S-Bahn bis Königs Wusterhausen und weiter mit Bus 725 nach Märkisch Buchholz. Oder mit dem RE bis Berlin-Schönefeld Flughafen und weiter mit dem RE nach Halbe fahren. Von hier weiter mit dem Bus 725 über Märkisch Buchholz nach Köthen.

Köthener See

INFORMATIONEN

Gastronomie

Gasthaus **Zum Köthener See**
Dorfstr 17
15748 Köthen
Telefon: 033765 / 805 20
Mo. Ruhetag, Di.-So. 12-24 Uhr, direkter Zugang zum See und öffentliche Badestelle.

Restaurant **Bärengewölbe**
Dorfstr. 16
15748 Köthen
Telefon: 033765 / 803 96

Badestelle

Die Badestelle liegt direkt hinter dem Köthener Dorfanger. Bewirtschaftet, aber ohne Eintrittsgebühr, finden sich Umkleidekabinen (20 ct.), Imbissbänke. Die Stelle wird nach EU-Richtlinien geprüft. Müllentsorgung ist vorhanden, und das Wasser hat eine Sichttiefe von rund einem Meter.

TIPP Das Tor zum Unterspreewald – die seenreiche Region um Köthen – kann man auch wunderbar auf dem „66-Seen-Wanderweg“ oder auch auf dem „Gurkenradweg“ erkunden.

Köthener See und sechs weitere

In Köthen, südlich des Städtchens Märkisch Buchholz, beginnen der Naturpark der Dahme-Heideseen und das von der UNESCO geschützte Biosphärenreservat Spreewald, zu dem auch das hier beschriebene Gewässer gehört. Der Weg dorthin führt auf einer schmalen Teerstraße zunächst durch einen Kiefernwald und die kleine Bungalowsiedlung Neuköthen. Daran schließt sich der alte Dorfkern an. Am schönen Dorfanger, an dem sich auch die beiden Gaststätten des Ortes befinden, endet die befestigte Straße, und beinahe unvermittelt präsentiert sich hier der größte der sieben Heideseen – der Köthener See. Er wird von einem dichten Schilfgürtel umschlossen, den nur an wenigen Stellen die Zugänge versteckt gelegener Seegrundstücke unterbrechen. Von der Badestelle des Dorfes aus hat man einen schönen Ausblick über die bewaldete Sanderlandschaft, in die der etwa drei Kilometer lange See eingebettet ist. Zum typischen Bild gehören auch die langbeinigen Fischreiher, die auf einer kleinen Insel beheimatet sind. Da der Strand auch im Sommer oft nicht mehr als 50 Besucher zählt, ist die Atmosphäre hier freundlich und familiär. Das Wasser des Sees wird von einem Nebenarm der Spree gespeist und fließt anschließend in die Dahme ein. Durch diese künstliche Verbindung treffen sich die Wasserläufe der beiden märkischen Schwesternflüsse hier bereits „inoffiziell“, bevor sie dann 50 Kilometer weiter am Schloss Köpenick ineinander münden.

Hinter dem Dorf Köthen ragen im Süden die steilen Endmoränenhügel der Krausnicker Berge (144 m) auf. Sechs weitere, kleinere Heideseen – der Pickersee, Triftsee, Mittelsee, Schwanensee, Märchensee und Großer Wehrigsee – verstecken sich im ausgedehnten Mischwald des Hügellandes. Sie entdeckt man am besten zu Fuß oder per Fahrrad. Ausgeschilderte Wanderwege beginnen an der Dorfstraße Köthen. Ihre Bezeichnungen weisen zugleich auf den Seenreichtum der Region oder die Lage Köthens als Tor zum Unterspreewald hin.

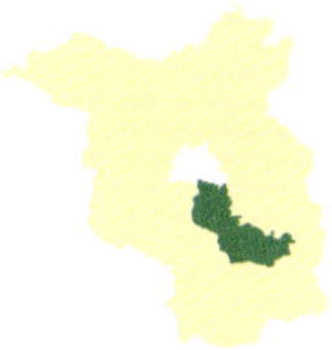

ANREISE

AUTO Die A13 bis zur Abfahrt Teupitz durch Teupitz durch, nach Egersdorf und hier links nach Zesch am See. Oder über die B 96 Richtung Wünsdorf – Zossen bis zur Abfahrt Zesch am See. Parkplätze auf der Sandstraße oder um den Dorfanger.

BUS + BAHN Mit der Regionalbahn oder dem Regionalexpress nach Wünsdorf-Waldstadt fahren und weiter mit dem Bus 712 nach Zesch.

AUCH IM WINTER EINEN BESUCH WERT: DER GROSSE ZESCHSEE

INFORMATIONEN

GASTRONOMIE

Gästehaus **Vogelsang**
mit Gaststätte **Zur Vogeltränke**
Dorfplatz 10
15838 Zossen – Zesch am See
Telefon: 033704 / 665 63
Spezial: Die Wirtin trägt gelegentlich Gedichte vor.

Gaststätte **Grigoleit**
Dorfplatz 4
15806 Zossen – Wünsdorf/Zesch
Telefon: 033704 / 664 43
Ganzjährig geöffnet:
Sommer: jeden Tag ab 11 Uhr,
Winter: am Wochenende ab 12 Uhr.

Gaststätte **Hexenstübl**
Märchencampingplatz Zesch am See
Baruther Straße
15838 Zossen – Zesch am See
Telefon: 033704 / 660 31

Eiscafé **Im Grünen**
Dorfplatz 10
15806 Zossen-Wünsdorf/Zesch
Telefon: 033704 / 664 62

BADESTELLE

Öffentlich (privater, aber geduldeter Zugang zum Strand), Müllentsorgung vorhanden, im Sommer zwei Aufstelltoiletten, ohne Gebühr.

TIPP Die Ruhe der Umgebung kann man am besten bei der etwa anderthalbstündigen Wanderung um den Großen und den benachbarten Kleinen Zeschsee genießen.

P

Grosser Zeschsee

Eine halbe Autostunde südlich von Berlin – versteckt in den Wäldern zwischen Wünsdorf und Teupitz – liegt der Große Zeschsee. Nach dem Ortsausgang Wünsdorf zweigt links eine kleine Straße nach Lindenbrück ab, und nach einer etwa zehnminütigen Fahrt durch Bruch- und Ackerlandschaft erheben sich bereits die sanften Moränenhügel von Zesch am See. Das kleine Dorf, 1527 erstmals urkundlich erwähnt, scheint wie gemacht für den Besuch Ruhe suchender Stadtbewohner. Um den Dorfanger bieten zwei Gaststätten ganzjährig Kulinarisch-Deftiges an. Außerdem gibt es im Ort ein Eiscafé, in welchem Eis aus eigener Herstellung gereicht wird.

Folgt man dem unbefestigten Weg Richtung „Hexenstübl", offenbart sich nach etwa 200 Metern eine einladende Badestelle. Von der Sonne beschienen liegt der Sand- und Waldwiesenstrand im Schutze der kiefernbewaldeten Hügel an der Ostseite des Sees. Bäume spenden nach Wunsch Schatten, dann und wann kommt ein Schwan vorbei.

Eine Bungalowsiedlung und ein Campingplatz beleben diese Seite des Sees, ohne aber die Ruhe ernstlich zu stören. Das Westufer dagegen ist ausschließlich von Wald gesäumt. Die kleine, in den See hineinragende Landzunge trägt – wahrscheinlich zu Ehren der einst in Zesch ansässigen Junkerfamilie von Solms – den Titel „Fürstliche Badestelle". Zwar ist ungewiss, ob die adligen Damen und Herren die heute hier aufgestellte roh gezimmerte Holzbank genutzt hätten. Angenehm ruhen lässt es sich hier jedoch allemal. Das glasklare, weiche Wasser des Sees speist sich aus unterirdischen Quellen und bleibt verschont vom Knattern jeglicher Motorboote. Ruderboote hingegen können am Campingplatz ausgeliehen werden oder beim ortsansässigen Fischer. Dort gibt es bei Bedarf und gegen Vorlage des Angelscheins auch eine Angelerlaubnis. Wer lieber festen Boden unter den Füßen hat, kann die Ruhe des Ortes bei der etwa anderthalb Stunden langen Wanderung um den Großen und den benachbarten Kleinen Zeschsee genießen.

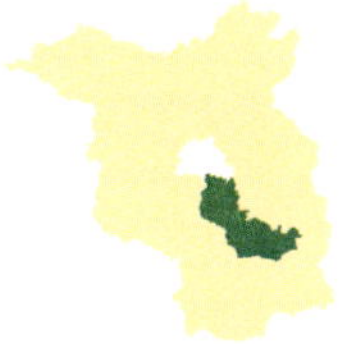

Zwischen Nuthe und Havelland

„Die prächtige Havel, mit jener Fülle von Seen, die sie, namentlich um Potsdam herum, an ihrem blauen Bande aufreiht, ist, auf weite Strecken hin, wie ein Spiegel unserer Schlösser, deren Schönheit sie verdoppelt." (Theodor Fontane)

Im Fläming entspringend, legt die Nuthe einen 65 Kilometer langen Weg zurück, bevor sie in Potsdam der Havel zufließt. Ein großer Teil ihres Laufes führt durch den Naturpark Nuthe-Nieplitz, der, im Südosten Potsdams gelegen, eine durchspülte Niederung aus ehemaligen Überschwemmungsgebieten, feuchten Wiesen und kleineren Elsbrüchen bildet. Durch die Fließe der Nuthe und der Nieplitz werden die Hochflächen des Teltow und der von geschlossenen Kiefernwäldern bedeckten Zauche getrennt.

Südlich vorgelagert bildete sich nach der Eiszeit einer der größten Sander Brandenburgs aus. Der „Beelitzer Sander" ist ein typischer Kegelsander (Schwemmfächer), der eine Breite von rund 17 Kilometern erreicht. Die nördliche Zauche wird von Endmoränen geprägt. Der sich anschließenden Osthavelniederung im Westen folgt die über 1 000 Jahre alte Stadt Brandenburg an der Havel.

Die Havel entspringt als kleiner Wiesenfluss zwei Kilometer südwestlich vom mecklenburgischen Ankershagen und mündet nach ihrem 345 Kilometer langen bogenförmigen Lauf nordöstlich von Havelberg in die Elbe (etwa 80 Kilometer Luftlinie entfernt von ihrer Quelle).

Fontane verglich den Lauf des „aparten" Flusses mit dem Strick einer Schaukel, der, zwischen zwei Apfelbäumen aufgehängt, als Aneinanderreihung mal schmaler und flussartiger, dann verbreiterter Seen das Havelland umspannt.

Die im Folgenden ausgewählten Seen sind einerseits die gleichsam zu den Berliner Gewässern und den Brandenburger Seen ausgefransten Haveladern und andererseits die südlich ihres Unterlaufes herabgefallenen Äpfel in der Havelniederung und der Nuthe-Nieplitz-Niederung.

3

AVELNIEDERUNG | BRANDENBURGER WALD- & SEENGEBIET | POTSDAMER HAVELSEEN

ZWISCHEN NUTHE UND HAVELLAND

ANREISE

AUTO Über die A115 / A10 / B2 in Richtung Magdeburg / Leipzig / Michendorf / Beelitz fahren und auf die B246 Richung Zauchewitz.

BUS + BAHN Mit dem Regionalexpress bis Michendorf und weiter mit dem Bus 608 Richtung Dobbrikow fahren.

DER HINTERSEE BEI DOBBRIKOW

INFORMATIONEN

GASTRONOMIE

Gaststätte **Zur Linde**
Nettgendorfer Str. 14
14947 Nuthe-Urstromtal
Telefon: 033732 / 403 60

Gaststätte **Die Scheuen**
Nettgendorfer Str. 21
14947 Nuthe-Urstromtal
Telefon: 033732 / 405 16

CAMPING

Campingplatz Dobbrikow
Am Glienicksee
14947 Nuthe-Urstromtal
Telefon: 033732 / 403 27

Am nördlichen Eingang des Dorfes hat die Naturparkverwaltung ihren Sitz. Wanderfreudige finden dort fundierte Informationen zu Ausflügen in die landschaftlich abwechslungsreiche Gegend zwischen Nieplitz und Zauche.

TIPP Von Dobbrikow aus sind es nur wenige Autominuten zum Kloster Zinna. Ein Besuch lohnt sich vor allem auch wegen des sommerlichen Musikprogramms.

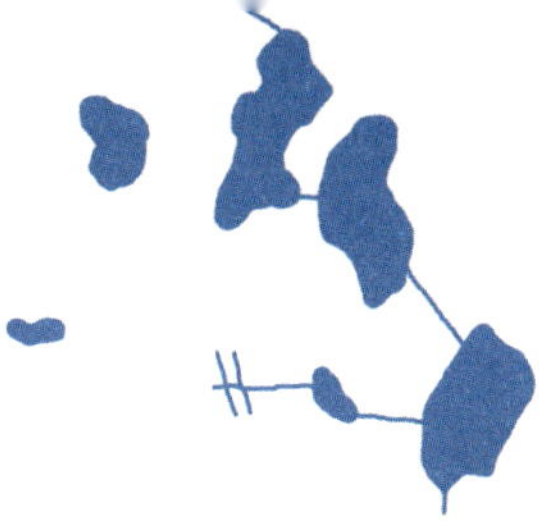

Die sieben Seen von Dobbrikow

Die sieben Seen von Dobbrikow bergen ein kleines Geheimnis. Denn wer sie sucht, wird nur sechs von ihnen finden.
Wie eine Perle liegt das Dorf Dobbrikow eingelassen in der Niederung von Nuthe und Nieplitz. Der Turm der alten Feldsteinkirche bestimmt die Silhouette des Ortes, unmittelbar dahinter erstreckt sich der erste und größte der Sieben, der Bauernsee. Schon die Äbte des nahen Klosters Zinna ließen ihn im 13. Jahrhundert seiner reichen Fischgründe wegen unter ihren Besitz stellen. Leider ist das schöne Gewässer heute allein den Anglern vorbehalten.
Zum Baden geht es an die vom Schilf eingefasste Badestelle des etwas kleineren Vordersees, der die Verbindung zwischen Bauernsee und Hintersee bildet.
Etwas abseits vom Dorf liegt im Wald versteckt das klare Wasser des Glienicksees rund fünf Hektar groß und bis zu zehn Metern tief. Der Sandstrand der Badestelle kann nur gegen Gebühr genutzt werden. Er ist Teil eines Campingplatzes, den seine saisonalen Bewohner liebevoll „Perle im Süden Berlins" nennen.
Eine kleine Wanderung führt schließlich zu dem von Schwingmoorwiesen umschlossenen Teufelssee. Über das hügelig bewaldete Areal verteilen sich sieben Berge, als deren höchster sich mit 85 Metern der Weinberg über seine Umgebung erhebt.
Der sechste der Seen, der Stabelsee, ist kein Badesee. Er liegt am Rande des Dorfes, wo feuchte Niederungen sein Oval vom benachbarten Bauernsee trennen.
Das Rätsel um die Lage des siebten Sees löst sich hinter dem östlichen Dorfrand, wo einst der Baasee lag. Zwischen 1928 und 1930 trockengelegt, ließen Staumaßnahmen aus jüngster Zeit wieder eine zarte Wasserfläche entstehen, die Dobbrikow vielleicht schon bald seine Mitte zwischen sieben Bergen und sieben Seen zurückgibt.

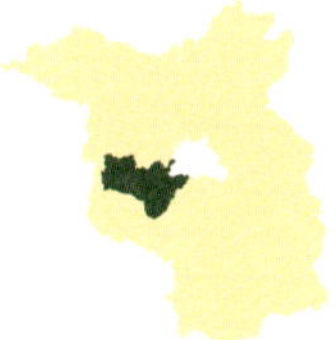

AUTO Über die A10 bis zur Abfahrt Michendorf/Beelitz fahren, dann die B2 in Richtung Beelitz.

BUS + BAHN Mit Regionalexpress oder Regionalbahn über Potsdam nach Seddin. Oder mit dem Bus 643 ab Potsdam Richtung Beelitz Busendorf; Bus 641 ab Beelitz zum Bahnhof Seddin; Bus 646 ab Beelitz.

GROSSER SEDDINER SEE

GASTRONOMIE

Gaststätte **Zur Reuse**
Dorfstr. 14a
14554 Seddiner See, OT Kähnsdorf
Telefon: 033205 / 627 18
Mit Boots- und Fahrradverleih.

Gaststätte und Hotel **Drei Linden**
Kirchplatz 4
14554 Seddiner See / OT Seddin
Telefon: 033205 / 455 43

Rasthaus **Am Fuchsbau**
Am Fuchsbau 15b
14554 Seddiner See / OT Neuseddin
Telefon: 033205 / 23 49 84 und 549 80

Speisegaststätte **Jägerhof**
Leipziger Str. 2
14554 Seddiner See / OT Seddin
Telefon: 033205 / 626 23

BADESTELLEN

Um den Seddiner See verteilen sich drei Badestrände. Der Rundwanderweg um das Seeufer führt auch zur schönsten Bademöglichkeit, dem „Kähnsdorfer Strand". Das privat betriebene Wiesen- und Sandareal hat eine Imbissbude, Duschen und Toiletten.

TIPP Kulturelle Angebote: Kulturscheune, Findlingsgarten und Naturlehrpfad in Kähnsdorf. Erschlossene Wanderwege führen von hier um den See und in die nahe Naturpark-Landschaft.

GROSSER SEDDINER SEE

Schon seit den Zwanziger Jahren des letzten Jahrhunderts flüchten sich Großstädter nicht nur an den Wochenenden in die Landschaft um den Großen Seddiner See. Im Hinterland der einstigen Fischerdörfer Kähnsdorf und Seddin entstanden neuere Siedlungen, die jedoch in respektvoller Entfernung zum See blieben, so dass dieser bis heute seinen Naturcharakter bewahrt hat.

Nur auf dem Areal des Golf- und Country Clubs am nördlichen Seeufer wurde sichtbar in die natürliche Umgebung eingegriffen. Zum Ausgleich bauten die Betreiber eine Anlage zur Seewasserreinigung, deren Betrieb in den nächsten Jahren im See Sichttiefen von bis zu 3,50 Metern ermöglichen soll.

Rund um die etwa 240 Hektar große Wasserfläche des Seddiner Sees erstreckt sich ein Schilfgürtel, den nur die drei Badestrände und die Stege der beiden Dörfer Seddin und Kähnsdorf unterbrechen. Ein etwa 14 Kilometer langer Rundwanderweg begleitet das Seeufer und führt auch zur einladendsten Bademöglichkeit am See, dem „Kähnsdorfer Strand“. Das privat betriebene Wiesen- und Sandareal kann – wie es sich für ein echtes Strandbad gehört – eine Imbissbude, Duschen und Toiletten vorweisen.

An den Seddiner See grenzt der Kähnsdorfer See an, in dem sich jedoch ausschließlich die Karpfen tummeln dürfen, die dort in großer Zahl gezüchtet werden.

Freunden des FKK-Badens sei die Abgeschiedenheit des Teufelssees empfohlen. Eingebettet im Wald liegt er zwischen den Orten Neuseddin und Beelitz und ist nur über einen etwa zwei Kilometer langen Fuß- und Fahrradweg zu erreichen.

Die waldreiche Umgebung rund um den Großen Seddiner See gehört zum Naturpark Nuthe-Nieplitz sowie dem Landschaftsschutzgebiet „Nuthetal und Beelitzer Sander“ und lädt zum Wandern, Radfahren, Rudern, Surfen und Campen ein.

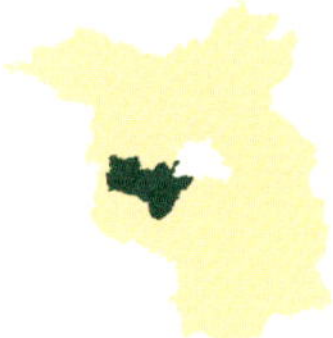

ANREISE

Auto Über die A10 / A2 Richtung Magdeburg bis zur Abfahrt Lehnin fahren und weiter auf der L86 in Richtung Lehnin.

Bus + Bahn Mit dem Regionalexpress bis Potsdam Charlottenhof und weiter mit dem Bus 580 Richtung Betriebsbahnhof Belzig bis Lehnin fahren.

Klostersee bei Lehnin

INFORMATIONEN

Gastronomie

Hotel Restaurant **Markgraf**
Friedensstr. 13, 14797 Lehnin
Telefon: 03382 / 76 50
täglich von 8–22 Uhr,
von 11.30–22 Uhr warme Küche,

Eisdiele **Schmidtke**,
Belziger Str. 15, 14797 Lehnin,
im Sommer von 12–20 Uhr geöffnet

Camping

Seeblick am Klostersee
An der Reiherheide 2, 14797 Lehnin
Telefon: 03382 / 70 04 42
Betriebszeiten: April–Oktober

Baden

Strandbad am Klostersee
Wiesenweg 13
14797 Lehnin
Öffnungszeiten Mai bis September
Mo.–Fr. 11–19 Uhr,
Sa. 11–20 , So. 11–18 Uhr.

Bootsverleih

Im **Strandbad am Klostersee** und an der **Ferien- und Freizeitanlage Lehnin**
Ruderboote mit und ohne Motor
Kajaks und Kanadier bis 25 Personen.
Telefon: 03381 / 30 17 70

TIPP Freunden des FKK-Badens sei der in den Wäldern des Naturschutzgebietes Klosterheide gelegene Kolpinsee empfohlen.

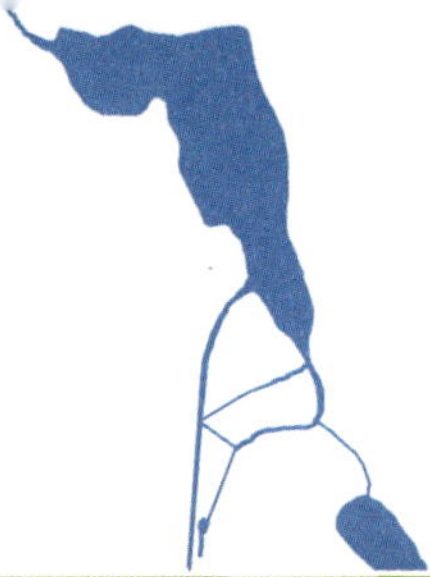

Klostersee bei Lehnin

Am nördlichen Rand der Zauche, zwischen dem Dorf Nahmitz und der Klosterstadt Lehnin, bietet der Klostersee mit seiner 60 Hektar großen Wasserfläche zwei Autobahnabgängen die Stirn. Der dreiecksförmige See war in früheren Tagen eines von 63 „Hausgewässern" der Zisterziensermönche, die seit 1180 das wenige Fußminuten in Richtung Süden entfernte Kloster Lehnin zu errichten begannen. Heute wird die einst vom Markgrafen Otto I. gestiftete Anlage als Krankenhaus und Stift genutzt.

Der Klostersee selbst ist wahrscheinlich das flüssige Überbleibsel eines eiszeitlichen Gletscherblocks, dessen geschmolzenes – und klares – Wasser heute eine Tiefe zwischen vier und sechs Metern ausfüllt.

Die Gestade des Sees lassen sich über einen sieben Kilometer langen Rundweg erwandern. Das Nord- und das Ostufer sind fast vollständig bewaldet, am westlichen Ufer erstreckt sich das Gelände eines Naturcampingplatzes. Ihm gegenüber auf der Ostseite liegt das am Hang angelegte Strandbad mit seinen Bauten im Stile der Dreißiger Jahre. Die Badeanlage bietet neben schattigen Wiesenflächen einen Spielplatz und eignet sich bestens für einen Familienausflug.

P.S. Unmittelbar hinter dem südlichen Stadtausgang Lehnins bietet der 60 Hektar große Gohlitzsee mehrere Bademöglichkeiten. Ein erster Badeplatz, eine von Kiefern umgebene Strandwiese, liegt am beginnenden Wanderweg des Westufers. Die zweite Badestelle mit weichem Sandboden liegt mitten im Wald und lässt sich nach wenigen Minuten zu Fuß erreichen.

Wer den Gohlitzsee vom südlichen Dorf Rädel erreicht, findet zur verstecktesten Badestelle des Sees. Die ufersäumenden Bäume und der Schilfbewuchs lichten sich vor einer großen Liegewiese.

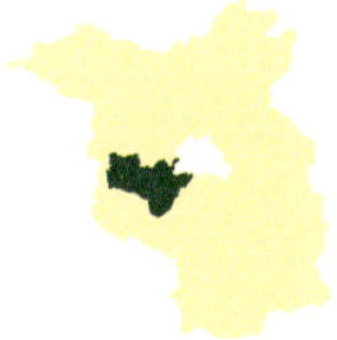

ANREISE

AUTO Über die A10 / A2 Richtung Magdeburg bis zur Abfahrt Netzen/Nahmitz fahren und weiter auf der L88 in Richtung Netzen.

BUS + BAHN Mit dem Regionalexpress bis Brandenburg an der Havel fahren und weiter mit dem Bus 553 in Richtung Lehnin Busbahnhof bis Netzen Dorf fahren.

BADESTELLE AM NETZENER SEE

INFORMATIONEN

GASTRONOMIE

Hotel und Restaurant **Seehof**
Am See 7
14797 Kloster Lehnin - Netzen
Telefon: 03382 / 842

BADESTELLE

Die gepflegte Naturbadestelle am Netzener See bietet eine Liegewiese und einen kleinen Sandstrand. Hotel und Campingplatz befinden sich in Seenähe und laden zum Längerbleiben ein.

SERVICE

Camping-Park **Netzen**
Am See 10
14797 Netzen
Telefon: 03382 / 818
Auch Vermietung und Verleih von Ruderbooten und Fahrrädern.

Bootsverleih/Seerundfahrten mit Dampfer: Hotel **Seehof**
Telefon: 03382 / 807

Am Hafen Netzener See, OT Nahmitz
Kanu-, Motor- und Ruderbootverleih.
Telefon: 0 33 82 / 74 19 51

TIPP Eine Erkundung des nördlich angrenzenden Vogelschutzgebietes sei allen Naturliebhabern empfohlen.

NETZENER SEE

Nicht weit vom Lehniner Klostersee entfernt liegt in einer bruchfließartigen Landschaft der rund 100 Hektar große Netzener See. An seiner nördlichen Spitze verlässt der Emsterkanal den buchtenreichen See und fließt durch weite Niederungen der Havel zu. Um die Nord- und Südwestseite des Gewässers verteilen sich Wochenendbungalows. Ein schmaler Waldsaum schirmt große Abschnitte des Ufers ab, so dass der See trotz der Nähe zur Autobahn vom Verkehr fast unberührt bleibt. Lediglich ein Fahrradweg begleitet sein naturbelassenes Ufer.

Rund um das zehn Meter tiefe Gewässer herum entstand ein Erholungsgebiet mit einer gepflegten Badestelle, Liegewiese und kleinem Sandstrand. Hotel und Campingplatz befinden sich in Seenähe und laden zum Längerbleiben ein.

Zufällig vorbeikommende Tagesausflügler finden selten den Weg zum See, da nur eine Nebenstraße zu seinem westlichen Ufer führt. Zwei Kilometer von Netzen entfernt, kurz vor der Autobahnunterführung, zweigt die Straße beinahe beiläufig in Richtung See ab und endet nach einer Gabelung an einem öffentlichen Parkplatz inmitten einer Datschensiedlung. Von hier aus ist nach wenigen Metern die Badestelle erreicht.

Das naturtrübe Wasser des Sees gilt als sauber und wird in den Sommermonaten regelmäßig vom Landesumweltamt geprüft. Angler berichten vom Fischreichtum des flussartig gewundenen Gewässers.

Mehrere Bootsverleihe eröffnen allen Nichtschwimmern die Möglichkeit, trockenen Fußes den Netzener See oder die benachbarten Wasserflächen des Klostersees und des Rietzer Sees zu erkunden. Außerdem werden ab der hoteleigenen Dampferanlegestelle Seerundfahrten angeboten. Naturliebhabern sei die Erkundung des nördlich angrenzenden Vogelschutzgebietes empfohlen.

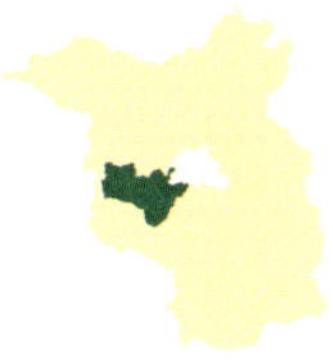

ANREISE

Auto Über die A10 / A2 in Richtung Magdeburg bis zur Ausfahrt Netzen fahren. Die Autobahn in Richtung Netzen, Nahmitz verlassen und weiter nach Kloster Lehnin und durch den Ort Richtung Dorf Rietz fahren.

Bus + Bahn Mit dem Regionalexpress zum Hauptbahnhof Brandenburg fahren. Dort weiter mit dem Bus 553 bis Rietz (Dorf) fahren. Der Bus fährt nicht täglich.

Rietzer See

INFORMATIONEN

Gastronomie

Gaststätte **Zum Seeblick**
Rietzer Dorfstraße 24
14797 Kloster Lehnin (Rietz)
Telefon: 03381 / 22 50 17
Täglich ab 11.30 Uhr geöffnet
(Dienstag Ruhetag).

TIPP

Rietzer See

Wer dem Erreichen einer Bademöglichkeit die Suche nach einer weder von schwimmenden Menschen noch von motorgetriebenen Schiffen durchfurchten Wasseroberfläche vorzieht, hat am Rietzer See sein Ziel gefunden. Als ein ausgedehnter Flachwassersee (450 ha) mit breiten Verlandungszonen (40 cm Wassertiefe) ist der See das Kernstück des über ihn hinaus reichenden „Naturschutzgebietes Rietzer See".
Die Wasserfläche und die Feuchtwiesen bilden eine naturbelassene Umgebung für etwa 260 Vogelarten, die hier unter dem Protektorat verordneten Naturschutzes brüten und leben, aber auch beobachtet werden können. Durch das Vorkommen zahlreicher vom Aussterben bedrohter Vogelarten wurde das Gebiet zwischen den Gemarkungen Rietz, Schenkenberg, Trechwitz und Damsdorf 1997 zum EU-Vogelschutzgebiet erklärt, das besonders Wasser- und Watvögeln sowie Wiesen- und Schilfbrütern ein ungestörtes Reservat bietet. (Z.B. als Brutgebiet für die Bartmeise, die Große Rohrdommel, den Schwarzhalstaucher; aber auch als Durchgangs-, Rast- und Überwinterungsgebiet.)
Bemerkenswert sind auch die Vorkommen landesweit bedeutsamer Binnensalzstellen, auf denen vom Aussterben bedrohte Pflanzenarten wie die Strand-Aster und das Sumpf-Knabenkraut gedeihen.
Am Dorfeingang von Rietz steht ein ufernaher Beobachtungsturm, der durchgehend und für jedermann nutzbar ist. Darüber hinaus bieten sich Wandermöglichkeiten zum Holzberg an, einer von Sandtrockenrasen überwachsenen Grundmoränenkuppe. Andere Wege begleiten teilweise das Ufer des Rietzer Sees, sind jedoch nicht ausgeschildert.
In der Mitte des Straßendorfes Rietz löst die Gaststätte „Seeblick" zwar nicht ihr Namensversprechen ein, bietet dafür aber auch größeren Gruppen Vögel beobachtender Menschen genügend Platz im großen Saal hinter dem Gastraum. Wer an heißen Tagen dennoch von einem Sprung ins kalte Wasser träumt, sollte den Weg zum drei Kilometer entfernten Görnsee einschlagen.

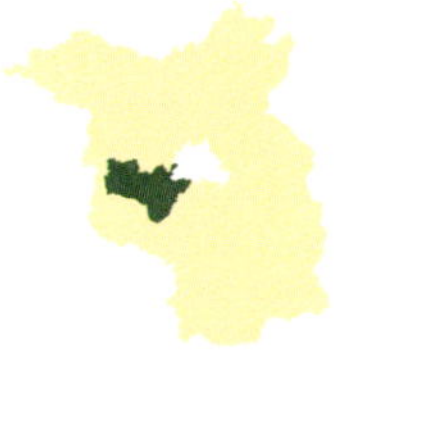

AUTO Über die A10 / A2 in Richtung Magdeburg bis zur Ausfahrt Netzen fahren. Die Autobahn in Richtung Netzen verlassen und über Netzen und Grebs zum Görnsee.

BUS + BAHN Mit dem Regionalexpress zum Hauptbahnhof Brandenburg fahren. Dort weiter mit dem Bus 553 Richtung Lehnin, Busbahnhof fahren und Görnsee aussteigen, dann zu Fuß gehen. Der Bus fährt nicht täglich.

GÖRNSEE

TIPP Besichtigung des Dreiseitenhofes mit einer Dauerausstellung zum „Leben unserer Großeltern“ in Dorf Grebs.

GÖRNSEE

Abseits der Seenkette zwischen Lehnin und Rietz liegt wie verloren der Görnsee, der von manchen Brandenburgern auch der Grebser See genannt wird. Sein Rund wird von einem schmalen Waldsaum und einem dichten Schilfgürtel eingefasst, aus denen die schnatternden Laute brütender Seevögel tönen. Die beiden seeumschließenden Pflanzenwälle aus Erlen, Birken und Röhricht bilden Refugien für Kraniche, Graugänse sowie verschiedene Kleinstreptilien. Nur an einer Stelle öffnet sich der Natursaum zu einer großen baumlosen Wiese. Dicht an der Verbindungsstrasse (B 102) zwischen den beiden Dörfern Prützke und Grebs gelegen, ist diese seichte Rasenmatte auf lehrreichen Tafeln als ökologische Naturbadestelle ausgewiesen.
Eine waldige und wallartige Erhöhung schirmt den See von der ihn beinahe streifenden Autobahntrasse ab und vermag das Dauergebrumm nicht abreißender Motorkarawanen teilweise zu schlucken.
Durch das Fehlen von Parkplätzen und Serviceeinrichtungen wird der See nicht zum Treffpunkt größerer Besuchergemeinschaften, die ein buntes Badeleben entfalten. Die Badestelle bietet sowohl die Gelegenheit für eine Rast am Seeufer als auch für eine Erfrischung im sauberen Seewasser, lässt aber schattenwerfende Baumkronen vermissen.
Ein befestigter Naturwander- und Radweg begleitet das Ufer nach Prützke, wo er sich nördlich in die Bruchniederungen der Havel und weiter westwärts zum kleinen Naturschutzgebiet um den Fichtenberg (59 m) verzweigt.
Das dem See nächstgelegene Dorf Grebs bietet seinen Besuchern neben einer Dorfgaststätte auch die Besichtigung eines museal konservierten Dreiseitenhofes an, der neben einer Dauerausstellung zum „Leben unserer Großeltern“ auch Gegenstände zur Holzpantinenherstellung beherbergt. Letztere war einst ein wichtiger Nebenerwerb für die ansonsten von der Landwirtschaft lebenden märkischen Bauern dieser Gegend.

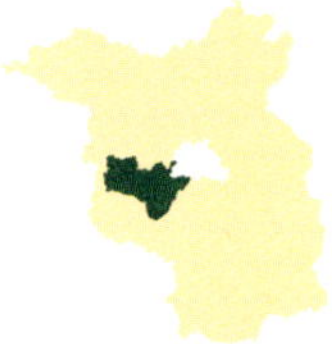

ANREISE

Auto Über die A10/A2 in Magdeburg bis zur Ausfahrt Brandenburg fahren und in Richtung Brandenburg an der Havel auf die B102 wechseln.

Bus + Bahn Mit dem Regionalexpress zum Hauptbahnhof Brandenburg fahren und weiter mit dem Bus 528 in Richtung Brandenburg, Fontanestr. bis zur Wilhelmsdorfer Str. fahren. Der Bus fährt nicht täglich.

Breitlingsee

INFORMATIONEN

Gastronomie

Restaurant **Malge**
Malge 1–2
14776 Brandenburg an der Havel
Telefon: 03381 / 628 50
Traditionelles Ausflugslokal
mit schönem Biergarten.

Camping

Seecamp **Malge**
Malge 3
14776 Brandenburg-Malge
Telefon: 03381 / 663 34

TIPP

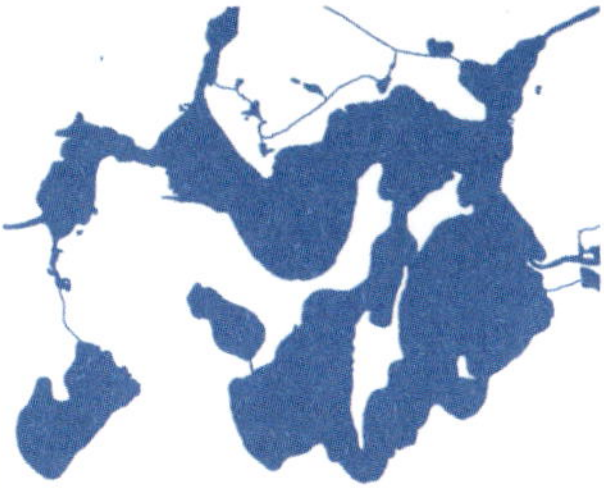

Breitlingsee

Dort, wo die Havel und die Plane in den Breitlingsee münden, beginnt die Brandenburger Seenlandschaft als ein verzweigter Perlenanhang mehrerer Seen „am blauen Band der Havel“. So bezeichnet der Name Breitlingsee nur ein Areal des von Buchten, weit in die Seemitte ragenden Halbinseln und von bewaldeten Werdern durchsetzten Gewässerquartetts, dessen eigentliche Ausmaße erst mit dem Möserschen, dem Plauer und dem Wendsee vollständig benannt sind.

Viele Brandenburger Havelstädter verbinden mit dem Breitlingsee die Malge, einem von der Stadt gut erreichbaren Campingplatz im bewaldeten Strandabschnitt am südöstlichen Seeufer. Das Seewasser gilt als geprüft sauber, wenn es auch nicht klar ist. Ein von Geologen in den See eingelassener Bohrkern bewies, dass der Breitling schon vor 6000 Jahren ein ähnlich trübes Wasser führte wie der Berliner Müggelsee in unseren Tagen.

An der Malge reihen sich nordwärts über zwei Kilometer verstreut wilde Badestellen mit größeren und kleineren Sandstränden vor schattenspendenden Bäumen aneinander. Die Badenischen lassen sich auf einem begleitenden Waldweg spaziergängerisch erreichen. Begeisterte der Nacktbadekultur leitet ein Wegweiser vom Parkplatz zum FKK-Strand.

Die Beliebtheit des Waldufers ist jedoch nicht den Schwankungen des Wetters oder dem Wechsel der Jahreszeiten unterworfen, da sich hier – neben dem Zeltplatz – das traditionelle Ausflugslokal mit Biergarten und Steganlage befindet, das ungeachtet wechselnder Bewirtschaftung und neuer Namensgebung nicht anders als die „Malge“ genannt wird.

Ob sich diese Bezeichnung von einer Goldmünze aus dem niederländischen Raum herleitet, bleibt ungewiss, allerdings lassen sich Zeit und Geld im Garten dieser Restauration vor der Silhouette gleichsam treibender Kleininseln und schwimmender Segelboote vergessen, bis die Abendsonne hinter der Kranichinsel und dem Buhnenwerder abtaucht.

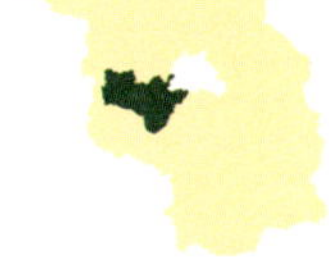

ANREISE

Auto Über die A10/A2 Richtung Magdeburg bis zur Ausfahrt Brandenburg fahren und auf der B102 nach Brandenburg, Belzig. In Brandenburg in den Neustädtischen Markt einbiegen und weiter geradeaus auf den Molkenmarkt fahren. Brandenburg an der Havel verlassen, um nach Beetzseeheide (Mötzow) und zum Beetzsee zu fahren.

Bus + Bahn Mit dem Regionalexpress nach Brandenburg fahren und weiter zu Fuß oder mit dem Fahrrad zum Beetzsee.

Blick über den Beetzsee auf die Badeanstalt in Brandenburg

INFORMATIONEN

Gastronomie

Restaurant Park Hotel **Seehof**
Am Seehof, 14778 Beetzsee-Brielow
Telefon: 03381 / 75 00
Seeterrassen und Bootsanleger

Dom Café
Burghof 1
14776 Brandenburg an der Havel
Telefon: 03381 / 524327
gemütliches Café am Brandenburger Dom

Christel's Pension und Café
Dorfstr. 10, 14778 Beetzseeheide-Ketzür
Telefon: 033836 / 40838
Familienfreundliche Pension in ruhiger Lage in Beetzseenähe.

Service

Cafébar und Kanuverleih
Ritterstraße 76
14770 Brandenburg an der Havel
Telefon: 03381/229048
geöffnet von Mo.-Fr. 8.30-18.30 Uhr und Sa.-So. 9.30-18.30 Uhr.
Im Zentrum der Stadt an der Jahrtausendbrücke verbringen Sie einen schönen Tag mit Blick auf die Havel und vergnügen sich auf der Brandenburger Wasserlandschaft mit den Kanus.

TIPP Besuchen Sie die Bockwindmühle in Ketzür (14778 Ketzür, Unter den Linden, Landkreis Potsdam-Mittelmark) und die gewaltige „Schwedenlinde“ in Brielow.

BEETZSEE

Das tragische Ende des Barbiers Bollmann sollte einen nicht abschrecken, dem Beetzsee einen Besuch abzustatten. Denn ob nun mit oder ohne Angel – der Beetzsee ist eine Reise wert.

Wie ein roter Teppich scheint er den Bewohnern Brandenburgs vor die Tore der Stadt gerollt worden zu sein und lässt sich segelnd, tuckernd oder rudernd aufs Herrlichste entdecken. Drei Abschnitte vereint der 16 Kilometer lange Wasserarm, von seinem Zulauf vom Riewendsee im Norden bis ins ländliche Havelland hinein und prägt das Bild der Gegend mit seinen weit geschwungenen Buchten und von Röhricht gesäumten Ufern, die sich in sanften Hügeln und Feldern verlieren.

Der untere Teil des Wassers von Brandenburg bis Radewege steht ganz unter dem Zeichen der Dampfer- und Freizeitkapitäne, die allenfalls den jährlichen Ruderregatten weichen. Aber auch Natur und Stille finden sich in den Ausläufern dieses Gewässers.

Wer den Beetzsee lieber vom Land aus erkunden möchte, sollte sich schon in Brandenburg für eine der beiden Uferseiten entscheiden, da die weit um die Ufer führenden Straßen erst nach sieben Kilometern über einer Wasserverengung in Radewege wieder zusammentreffen. Insgesamt ist das Ufer etwa 30 Kilometer lang und wird von dem so genannten „Storchenwanderweg“ begleitet. An der Ostseite des Sees im Erholungsgebiet „Fuchsbruch“ gibt es in Lünow eine kleine Badestelle. Um die nördlichste Seespitze schmiegt sich das Naturschutzgebiet „Bagower Bruch“, durch das ein Naturlehrpfad führt.

Wilde Badestellen finden sich in großer Zahl um den See verstreut, die meisten Orte verfügen auch über Pensionen und kleinere Zeltplätze. Wen es jedoch nach Natur und Komfort gleichermaßen verlangt, dem sei die Fahrt nach Ketzür empfohlen. Hinter der Dorfmitte liegt ruhig und versteckt eine von Bäumen und Schilf eingerahmte Wiesenbadestelle mit Imbissanschluss.

BEETZSEE

Fritze Bollmann Lied

In Brandenburch uff'n Beetzsee,
da steht 'n Fischerkahn,
und darin sitzt Fritze Bollmann,
mit seinem Angelkram.

Fritze Bollmann wollte angeln,
da fiel die Angel rin,
Fritze Bollmann wollt 'se langen,
da fiel er hinterdrin.

Fritze Bollmann schrie um Hilfe,
"Liebe Leute, rettet mir,
denn ick bin doch Fritze Bollmann,
aus der Altstadt der Barbier."

Nur die Angel ward gerettet,
Fritze Bollmann, der ersuff.
Und seitdem jeht Fritze Bollmann
uff'n Beetzsee nich mehr ruff.

Fritze Bollmann kam in'n Himmel:
"Lieber Petrus, lass mir durch,
denn ick bin doch Fritze Bollmann,
der Barbier aus Brandenburch."

Und der Petrus ließ sich rühren
und sprach: "Bollmann, komm man rin,
hier jibt's och wat zu balbieren,
komm man her und seef mir in."

Fritze Bollmann, der balbierte,
Petrus schrie: "Oh Schreck, oh Graus,
tust mir schändlich massakrieren,
det hält ja keen Deibel aus!

Uff de jroße Himmelsleiter,
kannste widder runter jehn'n,
kratz man unten feste weiter,
ick lass mir 'n Vollbart steh'n!"

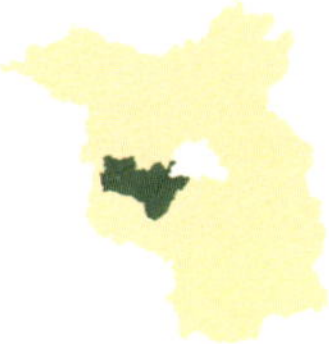

ANREISE

AUTO Aus Berlin kommend hinter der Glienicker Brücke nach rechts zum See abbiegen und in einer der Sackgassen parken.

BUS + BAHN Die S-Bahn nach Potsdam nutzen und weiter mit der Straßenbahn 93 zur Glienicker Brücke. Oder von Berlin mit dem Bus 116 bis Glienicker Brücke und zu Fuß an der Havel entlang zum Neuen Garten.

FAHRRAD Ab dem S-Bhf. Wannsee der B1 folgen, nach der Glienicker Brücke beginnt ein Radweg, der zum Neuen Garten führt.

HEILIGER SEE MIT BLICK AUF DAS MARMORPALAIS

TIPP Das Marmorpalais aus dem 18. Jahrhundert und das Schloss Cecilienhof: Hier wurde 1945 das Potsdamer Abkommen unterzeichnet.

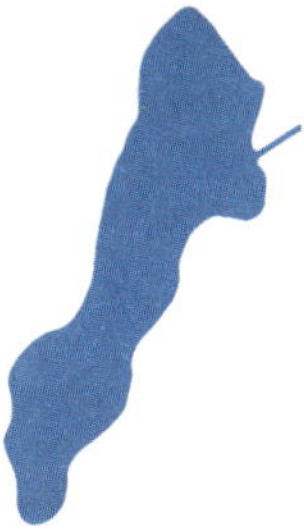

Heiliger See

Nordöstlich des Potsdamer Stadtzentrums schmiegen sich die Parklandschaft des Neuen Gartens und die Villen der Berliner Vorstadt um das etwa 1,3 Kilometer lange und 300 Meter breite Oval des Heiligen Sees. Nur der schmale Hasengraben am Nordwestufer verbindet ihn mit dem benachbarten Jungfernsee, und so mag es nicht verwundern, dass der Heilige See, vom Strom der Havel und verkehrender Schiffe unberührt, seine Klarheit selbst dann noch bewahrt, wenn in heißen Sommermonaten andere Gewässer längst mit trübenden Algen zu kämpfen haben. Sein Fischreichtum, Sichttiefen bis zu zwei Metern, aber auch der harmonische Einklang von Architektur und gärtnerischer Gestaltungskunst in seiner Umgebung locken nicht nur Badelustige und Sonnenhungrige. Auch Spaziergänger, Angler und Taucher zieht es an den Heiligen See, dessen ruhige Lage zwischen dem Gewimmel zweier Städte bewahrt blieb.

Obgleich er nicht als offizieller Badesee ausgewiesen ist, duldet die Schlösserverwaltung, unter deren Aufsicht auch der Heilige See steht, Badegäste in der Nähe des „Grünen Hauses“ am Nordzipfel oder an der östlichen Uferseite. Wer außerhalb dieses Bereichs sein Lager aufschlägt, sollte allerdings damit rechnen, von der Parkaufsicht vertrieben zu werden. Der Regeln ungeachtet bietet sich in den Sommermonaten jenseits des Eingangs zum Neuen Garten ein Bild des bunten Durcheinanders nackt- und textilbadender Gäste. Östlich des „Grünen Hauses“ tummeln sich Studenten und Familien mit Kindern auf einer der beiden FKK-Wiesen. Der Schilfgürtel bietet an drei Stellen schmale Durchgänge zum leicht steinigen Ufer, das bereits nach wenigen Metern steil abfällt.

Auch am Ende eines heißen Badetages lohnt es sich, länger am See zu verweilen. Bis in die Abendstunden bricht sich das einfallende Sonnenlicht in den schattenspendenden Kronen ufernaher Parkbäume vor der Silhouette kreuzender Segel auf den nahen Havelseen.

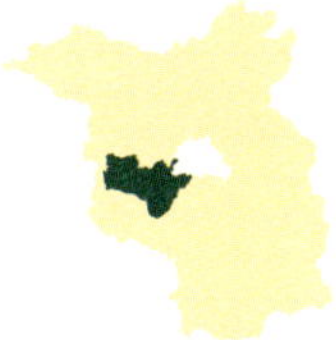

ANREISE

Auto Über die B2 bis Krampnitz fahren und hier Richtung Sacrow abbiegen.

Bus + Bahn S-Bahn bis Wannsee, dann die Fähre nach Kladow. Fährverkehr stündlich. Letzte Fähre von Wannsee um 19 Uhr, von Kladow 19.31 Uhr. Von Potsdam oder Berlin-Kladow mit dem Bus 697. Der See und dessen Umgebung eignen sich auch bestens als Ziel von Fahrradtouren.

SACROWER SEE

INFORMATIONEN

GASTRONOMIE

Restaurant **Zum Sacrower See**
Weinmeisterweg 1
14469 Potsdam
Telefon: 0331 / 50 38 55,
Von November bis März,
montags Ruhetag.

Restaurant und Pension **Waldfrieden**
Seepromenade 99
14476 Groß Glienicke
Italienische Spezialitäten;
mit überdachtem Biergarten,
Kinderspielplatz und Badestrand,
Parkplätze vorhanden,
preiswerte kleine Zimmer.

TIPP Besuchen Sie das 1840 von Friedrich Wilhelm IV. als Gutshaus erworbene Sacrower Schloss mit dem Lenné-Park (1842) sowie die Heilandskirche.

SACROWER SEE

Unmittelbar vor der westlichen Stadtgrenze zu Berlin erstreckt sich über etwa drei Kilometer das vom Königswald umschlossene klare und weiche Wasser des Sacrower Sees. Trotz seiner Lage zwischen den Doppelstädten Berlin und Potsdam hat sich der einsame Charakter des Waldsees – der jeden Besucher, der an seinen Ufern weilt, bezaubern wird – bis heute bewahrt. Fast unberührt im scharf bewachten Grenzstreifen zwischen DDR und West-Berlin gelegen, blieb der See bis 1989 für Besucher ohne Auftrag und Uniform unzugänglich.

Heute lässt sich der bewaldete und schilfbegürtete Saum des Sees bewandern. Einige kleine Rastbänke wurden auf idyllische Landvorsprünge verteilt; die Bademöglichkeiten bleiben jedoch aus Gründen des Naturschutzes auf zwei gekennzeichnete Badeplätze beschränkt. Zehn Minuten zu Fuß von Sacrow entfernt, führt der Wanderweg an der „Badestelle am Ostufer“ vorbei. Der kleine baumumrahmte Wiesensporn empfiehlt sich besonders für eine Rast und ein erfrischendes Bad in den Nachmittagsstunden, wenn die Sonne langsam über dem glitzernden Wasserspiegel hinter der Silhouette des Waldes abtaucht. Wer länger verweilt, sollte einen Picknickkorb mitführen. Auch wenn der naturnahe Flecken an heißen Tagen dichter belagert wird, bleibt die Stille hier garantiert, denn auch für Motorboote und Surfer bleibt das fischreiche Wasser gesperrt; selbst Rudern und Angeln sind nur mit Sondergenehmigung möglich.

Wer über die Berliner Heerstraße zum Sacrower See kommt, erreicht über Groß Glienicke die größere Badestelle des Nordufers. Der familienfreundliche Sandstrand liegt vor dem zeltüberdachten Garten des italienischen Restaurants „Waldfrieden“ und gewährt einen weiten Ausblick auf die flussartig gestreckte Seefläche.

Am Westufer führt der Wanderweg um das umzäunte Gelände des Försterei ähnlichen Anwesens „Jägerhof“. Schon ab 1922 wurde hier eine Lehr- und Versuchsanstalt für die Seenbewirtschaftung eingerichtet.

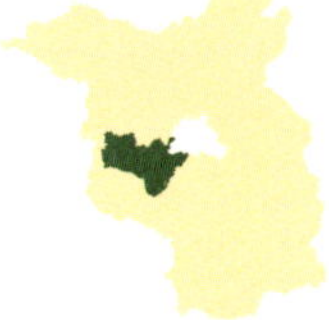

Während der DDR-Zeit war das Gebäudeensemble ein Teil des ehemaligen Instituts für Binnenfischerei Berlin-Friedrichshagen. Seit 1992 wird das Areal als neu gegründete Einrichtung ökologisch orientierter Gewässerbewirtschaftung genutzt.

Der Sacrower See und seine Umgebung zählen noch heute zu den verschwiegensten Gefilden um Berlin und sind ein lohnendes Ziel von Radtouren oder Spaziergängen. An der breitesten Stelle weitet sich der Seespiegel zu 460 Metern, an seiner schmalsten Stelle nähern sich die dicht geböschten Ufer auf 190 Meter an. Gemeinsam mit dem etwa 700 Meter entfernten Groß-Glienicker See im Norden und dem 1,6 Kilometer südlich gelegenen Heiligen See in Potsdam reiht sich der 36 Meter tiefe Sacrower See in eine kleine, eiszeitlich gebildete Seenkette ein, die den Lauf der Havel von Berlin aus begleitet, ohne jedoch mit dem Fluss in Verbindung zu stehen.

Der angrenzende Königswald ist ein Abschnitt des ältesten Potsdamer Naturschutzgebietes. Es wurde bereits 1941 eingerichtet und gehört inzwischen zum Landschaftsschutzgebiet „Königswald mit Havelseen und Seeburger Agrarlandschaft". Die Vielfalt der Umgebung offenbart sich in erfrischendem Wechsel von naturnahem Mischwald und gleichförmigen Kiefernforsten sowie Feuchtgebieten und den verwilderten Ufern der Havelseen.

Auch das kleine Dorf Sacrow, für 40 Jahre zu einem Schattendasein nahe der Grenze verurteilt, birgt einen kulturellen Schatz: Im Jahre 1840 erwarb Friedrich Wilhelm IV., der „Romantiker auf dem Thron", das Sacrower Schloss und nutzte es als Gutshaus. Den umgebenden Park gestaltete zwei Jahre später der Gartenkünstler Peter Joseph Lenné. Auf einer in die Havel hineinragenden Landzunge steht die Heilandskirche, die der Architekt Ludwig Persius nach Entwürfen seines Königs im italienischen Renaissancestil erbaute. Schloss und Kirche stehen heute als Weltkulturerbe unter dem Schutz der UNESCO.

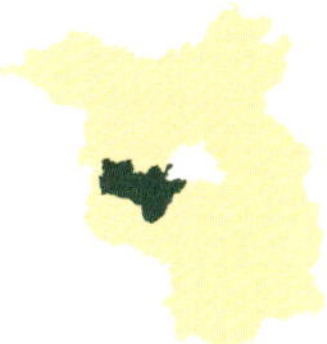

Zwischen Dosse und Rhin

„An jeder Stelle gleichen Reiz erschließt dir die Ruppiner Schweiz“ (Theodor Fontane)

Zwei Flussadern durchfließen die Landschaften der östlichen Prignitz und des Ruppiner Landes und prägen das Antlitz der Kyritzer und Ruppiner Seenkette.

Auf einer Hochfläche am nördlichen Rand der Prignitz vereinen sich drei kleine Bäche im Wasserbett des Dosse-Flusses. Von dort fließt die Dosse in südlicher Richtung nach Wittstock und erreicht bei Wusterhausen den untersten Zipfel der Kyritzer Seenkette. Die 18 Kilometer lange Seerinne entstand beim Abtauen des Inlandeises und erstreckt sich fast geradlinig von Norden nach Süden über den Obersee, Untersee und den Klempowsee. Große Teile der Seen sind von artenreichen Wäldern umgeben. Bei Neustadt/D. knickt der Flusslauf in Richtung Westen ab und mündet nach einer Gesamtstrecke von 94 Kilometern bei Vehlgast-Kümmernitz in die Havel ein.

Das Ruppiner Land besticht Durchreisende mit dem Wechsel von weiten Feldern und ausgedehnten Wäldern und Wiesen. Der Rhin prägt diese Landschaft. Sein 125 Kilometer langer Lauf beginnt etwa neun Kilometer westlich von Rheinsberg und windet sich in südlicher Richtung durch ein liebliches Urstromtal. Bei Zippelsförde, nahe der Drei-Seen-Stadt Lindow, knickt der Fluss abrupt nach Nordwesten ab und strebt den Wasserbecken der Ruppiner Seenkette zu. Die Ruppiner Schweiz ist ein besonders schönes Kleinod. Trotz ihrer Beliebtheit bei Sommerfrischlern und Stadtflüchtern hat die seenreiche Landschaft ihren ursprünglichen Charakter bewahrt.

Südlich des Ruppiner Sees, im Bützsee, verlässt der Rhin die Seenkette und durchfließt das flache Rhinluch. Hier gabelt sich der Fluss in den Ruppiner Kanal und einen westlich strebenden Arm, der nach dem Gülper See, an der Grenze zu Sachsen-Anhalt, in die Havel mündet.

4

LINDOWER SEEN

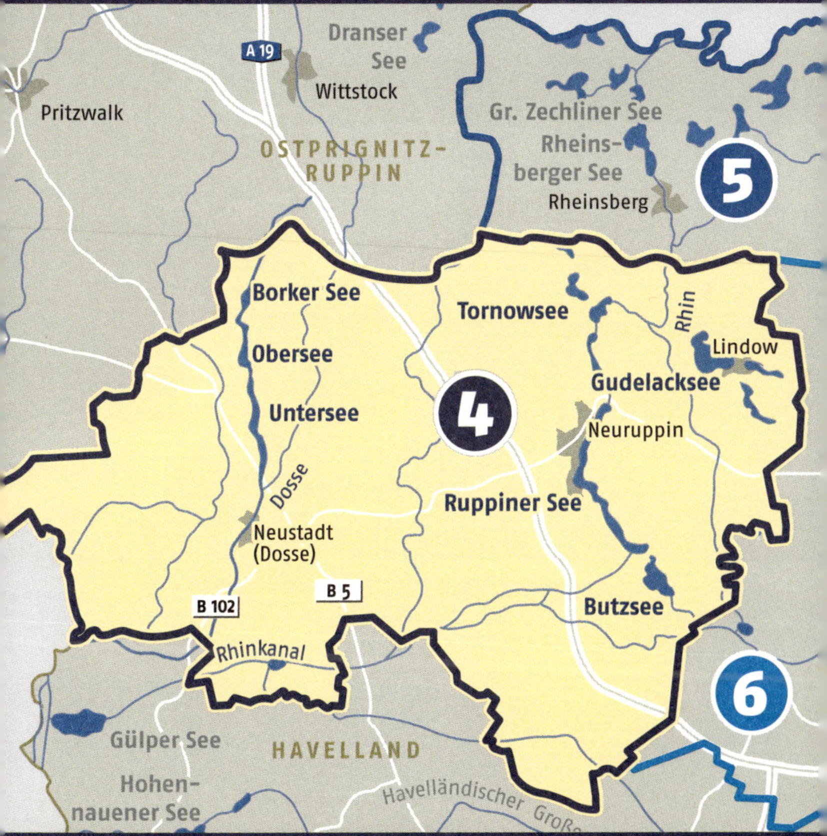

ZWISCHEN DOSSE UND RHIN

ANREISE

Auto Auf der A10/24 Richtung Hamburg an der Ausfahrt Neuruppin in Richtung Kyritz abfahren. Der weitere Weg ist ausgeschildert.

Bus + Bahn Mit dem Regionalexpress Richtung Wismar bzw. Wittenberge bis Neustadt/Dosse fahren und weiter mit der Prignitzer Eisenbahn nach Wusterhausen. Von hier aus mit dem Bus oder dem Fahrrad.

Bootshaus am Untersee

INFORMATIONEN

Gastronomie

Hotel und Restaurant
Waldschlösschen mit Biergarten
Seestraße 110
16866 Kyritz
Telefon: 033971 / 307 80

Hotel am Untersee
Dorfstraße 48
16868 Bantikow
Telefon: 033979 / 145 90

Baden

Strandbad **Wusterhause**
mit Strandbar **Zur Pumpe**
Uferweg 2
16868 Wusterhausen
Telefon 033979 / 142 34

Strandbad **Kyritz**
Seestraße 120
16866 Kyritz
Telefon 033971 / 722 62
Zur Badeanstalt gehört auch ein Bootsverleih.

Beide Strandbäder von Mai bis September täglich von 10 bis 20 Uhr geöffnet.

TIPP Ein kleines Naturparadies erwartet den Besucher im Waldkanal bei Stolpe. Zu erreichen auf der Rundfahrt über den Untersee von Wusterhausen aus, vorbei an der Insel und Kyritz.

UNTERSEE

Auf halbem Wege von Berlin nach Hamburg liegt in der Ostprignitz das kleine Städtchen Kyritz. Zu ihrem Beinamen „an der Knatter" kam die Stadt einst wegen des Geklappers der Mühlen, das schon aus der Ferne an die Ohren der Besucher drang. Im Mittelalter war die Mühlenstadt Kyritz ein wichtiges Handelszentrum, zu Beginn des 19. Jahrhunderts entdeckten dann Berliner Sommerfrischler die Gunstlage des von Wäldern umgebenen Untersees. Er bildet zugleich den südlichen Teil der Kyritzer Seenkette.

Umschlossen von dichten Kiefernmischwäldern verstecken sich um seine flussartige Wasserfläche viele reizvolle Badeplätze. In Bantikow, an der Ostseite des Sees, gibt es eine Badestelle mit großer Liegewiese, in Kyritz und Wusterhausen seien die beiden Strandbäder empfohlen. Die rekonstruierte Kyritzer Badeanstalt in der „Berliner Ecke" wurde schon im Jahre 1921 errichtet. Neben einem großen Sandstrand verheißt sie Badegästen aller Altersgruppen mit Sprungtürmen und Rutschen ein erfülltes Badevergnügen.

Der größte Anziehungspunkt für Besucher aber ist seit jeher die Unterseeinsel, die in der Mitte des Sees zwischen dem Kyritzer und dem Bantikower Ufer liegt. Seit dem 7. Jahrhundert soll auf der Insel eine slawische Burg gestanden haben – bis 1157 Albrecht der Bär die Slawen besiegte und die Insel einnahm. Als dann viel später ein Gastwirt hier einen Ballsaal eröffnete, erhielt das kreisrunde Eiland schnell den Beinamen „Liebesinsel". Heute wartet am gleichen Ort ein Inselrestaurant mit regionaler Küche und Fischspezialitäten auf. Eine Fähre verkehrt von Mai bis Oktober mehrmals täglich ab Kyritz oder Bantikow.

Wer die gesamte Länge des Untersees ermessen möchte, mag dem Ufer begleitenden Wanderweg folgen oder sich an Deck eines Dampfers begeben. Von Wusterhausen aus geht die Rundfahrt über den Untersee, vorbei an der Insel und Kyritz bis nach Stolpe, wo den Gast im Waldkanal ein einzigartiges kleines Naturparadies erwartet.

AUTO Auf der A10/24 Richtung Hamburg, an der Ausfahrt Neuruppin in Richtung Kyritz abfahren. Der weitere Weg ist ausgeschildert.

BUS + BAHN Mit dem Regionalexpress nach Wismar bzw. Wittenberge bis Neustadt/Dosse fahren und weiter mit der Prignitzer Eisenbahn nach Wusterhausen. Von hier aus mit dem Bus oder dem Fahrrad.

BAUMKRONEN RAGEN AUS DEM AUFGESTAUTEN WASSER DES OBERSEES

GASTRONOMIE

Pension und Gasthaus **Kattenstieg**
Kattenstiegweg 2
16909 Königsberg
Telefon: 33965 / 402 15
Das Gasthaus ist täglich außer dienstags ab 11 Uhr geöffnet. Von November bis März zusätzlich am Mittwoch Ruhetag.

BADESTELLE

Durchquert der Besucher den kleinen Ort Bork, gelangt er zu dem etwas abseits gelegenen großen Sandstrand.

UNTERKUNFT

Haus des Waldes
Borker Str. 37
16866 Bork/Lellichow
Telefon: 033976 / 504 37

Ferienlager in der
Freizeit- und Begegnungsstätte Bork
Dorfstraße
16866 Bork
Kontakt über
Kreisbauernverband Ostprignitz e.V.
Leddiner Weg 10
16866 Kyritz
Telefon: 033971 / 52263 oder 56745

TIPP Idyllisch gelegen, ist die größte erhaltene Wasserburg Norddeutschlands, die Plattenburg aus dem Jahre 1147, nur rund 30 Autominuten von Kyritz entfernt, einen Besuch wert.

Obersee

Die schmale Wasserfläche des Obersees verbindet den Borker See, den Salzsee und den Stolper See miteinander. Eine rund 1,5 Kilometer lange Staumauer bei Stolpe ließ den Wasserspiegel des so genannten Rinnensees ab 1979 um fünf Meter ansteigen. Infolge dessen verwischte der schwankende Wasserspiegel des „Dossespeichers" die alten Konturen des Ufers. Die karge Landschaft und die ruhige Umgebung des Sees entbehren jedoch nicht eines besonderen Reizes. Eine merkwürdige Stille liegt über dem Wasser. Längst dürfen auch Dampfer und Motorboote hier nicht mehr fahren.

Zur Badestelle gelangt man auf einem ausgebauten Wanderweg, der am „Überlauf" kurz hinter dem Ortsausgang Stolpe beginnt und dann entlang des östlichen Ufers bis nach Bork im Norden führt. Das hübsche Runddorf mit seiner Backsteinkirche ist allemal einen Abstecher wert. Im „Haus des Waldes" finden Gruppenreisende inmitten der Natur eine günstige Übernachtungsmöglichkeit. Durchquert der Besucher den kleinen Ort, gelangt er zu einem großen abschüssigen Sandstrand.

Nicht zum Baden geeignet, aber zum Angeln empfohlen sei der etwa vier Kilometer von Bork entfernte Kattenstiegsee. Dort, wo einst die Kattenstiegmühle stand, ist heute die gleichnamige Pension mit Restaurant zu finden. Hier gibt es Fischspezialitäten aus eigener Zucht.

Um den Ort rankt sich eine Sage, die von der schönen Müllerstochter handelt, die so schön war, dass die neidischen Bauernmädchen der Umgebung des Nachts als Katzen verwandelt ums Haus schlichen und jeden Burschen, der um die Gunst der jungen Frau warb, töteten. Einzig ein Geselle aus Potsdam trotzte der Gefahr und schlug einer der Katzen die Pfote ab. Statt der Tatze fand er am nächsten Morgen einen menschlichen Finger. Schnell entdeckte man im nahen Königsberg die Bauerntochter, welcher der Finger fehlte. So kam das teuflische Treiben ans Licht. Ob der Geselle mit der Müllertochter glücklich wurde, verschweigt die Sage allerdings.

ANREISE

Auto Über die Autobahn A24 Anschlussstelle Neuruppin (22), weiter die B167 bis Neuruppin fahren. Am Kreisel dritte Ausfahrt Umgehungsstraße bis zum Kreisel Wittstocker Allee. Dritte Ausfahrt in Richtung Gühlen-Glienicke und dort rechts nach Binenwalde.

Bus + Bahn Mit dem RE bis Neuruppin Rheinsberger Tor fahren und weiter mit dem Bus 787 (Flecken Zechlin, Rheinsberg) nach Gühlen-Glienicke. Von hier weiter mit dem Bus 794 (Rheinsberg Mark) nach Binenwalde.

Der Kalksee bei Binenwalde

INFORMATIONEN

Gastronomie

Gasthaus **Hacker**
mit großem Biergarten
Seestraße 42
16818 Binenwalde
Telefon: 033929 / 702 58
Täglich von 11 bis 22 Uhr geöffnet,
Mittwoch Ruhetag.

Gasthof und Restaurant **Boltenmühle**
16818 Gühlen-Glienicke
Telefon: 033929 / 705 00
Ganzjährig geöffnet, typisch märkische Gerichte, Fahrrad- und Bootsverleih.

Besonderes

Tierpark der Fontanestadt Neuruppin
16818 Kunsterspring
Telefon 033929 / 702 71 oder 506 81,
vom 1. April bis zum 30. September
täglich 9 bis 19 Uhr und vom
1. Oktober bis zum 31. März
täglich 9 bis 17 Uhr geöffnet.

TIPP 13 km nördlich von Neuruppin liegt der Tierpark Kunsterspring. Neben vor allem 90 heimischen Wildtierarten gibt es ein Streichelgehege und einen schönen Abenteuerspielplatz.

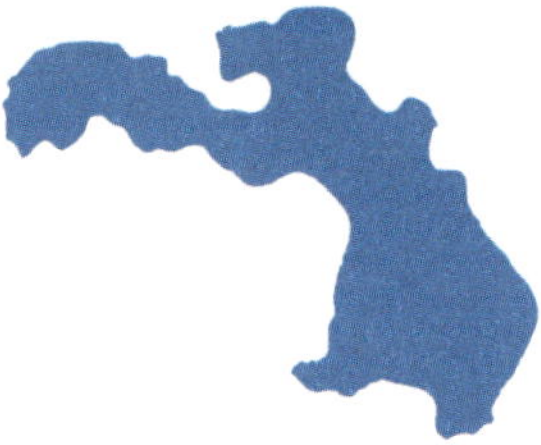

Kalksee und Tornowsee

„Auch die 'Historie' ist leisen Fußes durch diese Gegenden hingeschritten..." (Theodor Fontane)

Rheinsberg und seine abwechslungsreichen Seen- und Waldgebiete verlassend, führt eine schmale Asphaltstraße nach Südwesten durch eine flachwellige Feldlandschaft. Hinter dem Dorf Zühlen taucht sie erneut und scheinbar übergangslos in einen dichten Wald ein, die holprige Bepflasterung fällt mit dem Gelände steil schlängelnd ab und eröffnet den Blick auf die nördlichen Ausläufer der Ruppiner Schweiz.
Als 1723 der junge Preußenprinzen Friedrich, der später als „Alter Fritz" Geschichte schrieb, diesen Weg von seinem Rheinsberger Schloss nahm, erreichte er – so die Sage – unterwegs die Försterei der „Wüste Feldmark zu Braunsberg". Das Herz des Kronprinzen entflammte für das „schöne Försterkinde Sabine", und der in Buchenwälder eingebettete Kalksee wurde fortan zum Schauplatz abendlicher Treffen des Liebespaars.
Der Name des glasklaren Sees weist auf Kalkvorkommen der Umgebung hin; seine Existenz verdankt das Gewässer jedoch den Gletscherströmen der letzten Eiszeit, die bis Neuruppin eine Vielzahl wassergefüllter Rinnen ausspülten. Seither funkelt die wald- und himmelspiegelnde Wasseroberfläche des Kalksees wie eine „Perle" an der sich nach Süden fortsetzenden Ruppiner Seenkette.
Seine Ufer sind bis auf wenige Häuser von Wald und dünnem Schilf gesäumt. An einer Stelle, nur zu Fuß über einen schmalen Damm erreichbar, ragt eine Halbinsel weit in den See hinein. Hier versteckt sich hinter Bäumen eine freie Wiese, die im Sommer zum FKK-Strand wird. Wer lieber bekleidet badet, findet etwas dichter am Ort an der schattigen Südseite des Sees eine zweite wilde Badestelle. Auch hier wurde in gebührendem Abstand eine Wiese für parkende Autos umfriedet, und somit haben beide Badestellen das natürliche Antlitz des Sees nicht verändert.

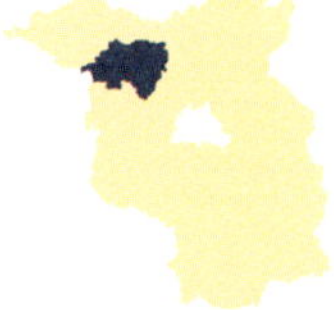

Doch ganz gleich, ob man im Sommer zum Schwimmen kommt, im Herbst auf einen Spaziergang oder im Winter eine Schlittschuhrunde auf dem Eis dreht: Jedem sei immer ein Besuch im Gasthaus „Hacker“ empfohlen, an dessen Biergarten ein alter Vergnügungssaal zum Schauplatz des jährlichen Sabinenfestes wird.
Wo das schöne Mädchen den Prinzen einst empfing, lässt sich nur noch erahnen. Am Ort der alten Försterei entstand 1754 das bis heute erhaltene Gutshaus. Der junge Friedrich verließ Rheinsberg und Sabine, um in Potsdam König zu werden. Die Episode aber wurde bis in unsere Zeit als Volkssage bewahrt. Das Dorf heißt seither Binenwalde.

„Wahrlich, wenn ich nicht Herr von Rheinsberg wäre, möchte ich Müller von Boltenmühle sein, so ein idyllisch schönes Plätzchen...“
(Friedrich der Große)

An der südlichen Bucht verlässt der Binenbach den Kalksee, um in schnellem Gefälle den Tornowsee zu erreichen. Über etwa einen Kilometer windet sich der Lauf des Wildbachs durch dichte naturbelassene Waldschluchten. Vor der Boltenmühle wird der Binenbach zum Jägerteich angestaut und mündet schließlich in den Tornowsee ein.
Dieses bis zu zwölf Meter tiefe Gewässer bildet den nördlichen Beginn der schiffbaren Ruppiner Seenkette. Seine buchtenreiche Fläche breitet sich inmitten des Natur- und Landschaftsschutzgebietes der Ruppiner Schweiz aus. Altbuchenbestände, feuchte Niederungen in den Tälern rund um die Mühle sowie das Plateau des Weilickenberges bilden die Landschaftskulisse um das klare Seewasser. Lediglich Neuruppiner Ausflugsdampfer sorgen dann und wann für Wellengang.
Mehrere Badestellen und drei kleine Campingplätze verteilen sich um die Ufer. Auf der Ostseite mündet der Kunsterwildbach in den Tornowsee ein, der an seinem südlichen Ende in den Zermützelsee abfließt.

ANREISE

Auto Über die A10 Richtung Hamburg fahren und auf die A24 Richtung Neuruppin wechseln. An der Anschlussstelle Neuruppin Süd abfahren und auf der B167 Richtung Zentrum weiter.

Bus + Bahn Mit der Regionalbahn bis Neuruppin Rheinsberger Tor fahren und weiter ab Neuruppin Busbahnhof mit dem Bus 779 nach Molchow, Neuruppin.

Rhin bei Fristow

INFORMATIONEN

Gastronomie

Hotel und Restaurant **Am Alten Rhin**
Friedrich-Engels-Straße 12
16827 Neuruppin / OT Alt Ruppin
Telefon: 03391 / 76 50

Restaurant **Seegarten**
Regattastraße 17
16816 Neuruppin
Telefon: 03391 / 40 33 40
Täglich geöffnet.

Hotel und Restaurant **Waldfrieden**
Lindenallee 48
16816 Neuruppin
Telefon: 03391 / 37 93

Baden

Seebadeanstalt **Jahnbad**
Alt Ruppiner Allee
16816 Neuruppin
Mit Sandstrand, Steganlagen, Sprungturm und Gastronomie, von Mai bis August, immer von 9–19 Uhr.

Schifffahrt

Fahrgastschifffahrt Neuruppin
Seeufer 10
16816 Neuruppin
Telefon: 03391 /51 15 11
Rundfahrt auf dem Ruppiner See.

TIPP An Bord der Fahrgastschifffahrt Neuruppin können Sie nicht nur den schönen Ruppiner See entdecken, sondern bis nach Boltenmühle am Tornowsee fahren.

Die Rhinseen

Zu den Rhinseen zählen der Zermützel-, der Tietzen-, der Molchow- und der Ruppiner See. Dort, wo der Rhinfluss auf die Fristower Mühle trifft, beginnt der Zermützelsee. Das gleichnamige Dorf im Südosten reicht mit seinen Häusern bis an das Ufer dieses 96 Hektar großen Gewässers heran. Der ruhig gelegene Ort lässt sich gut mit dem Auto auf der Landstraße ab Alt Ruppin erreichen. Der Weg dorthin führt über das inmitten von Feldern gelegene Platzdorf Krangen und endet schließlich an dem von Bäumen geschützten Ufer des Zermützel. Sowohl Landgänger als auch Wasserwanderer schätzen das saubere Wasser und die schönen Buchten des 38 Meter tiefen Sees.
Um die südliche Seeseite verteilen sich die Häuser des Ortsteils Stendenitz. Auf einem Fußweg entlang des Ufers gelangt man zunächst zu einem kleinen Waldmuseum mit Gaststätte und Seeblick und schließlich zur Badestelle des Zeltplatzes.
In südlicher Richtung begleiten zwei Wanderwege die Ufer des sich anschließenden Tetzensees, der seinerseits in den Molchowsee übergeht. Die Wasserfläche ist von dichtem Wald umschlossen, den nur gelegentlich einzelne Grundstücke unterbrechen.
Vor dem Eingang nach Molchow, dem Dorf zwischen den Seen, befindet sich am Ostufer eine Sand- und Wiesen-Badestelle, die neben einem vor Regen schützenden Pavillon auch mit einer Steganlage für Bootsfahrer ausgestattet ist. Die sehenswerte rondellartige Dorfmitte Molchows ziert ein hölzerner Glockenturm von 1692.
Nach dieser Station strömt das Wasser über eine Schleuse und nun wieder als schmaler Fluss in Richtung Alt Ruppin. Kaum hat er das alte Städtchen hinter sich gelassen, weitet er sich bereits wieder zum größten Gewässer der Rhinseen. Über 14 Kilometer hin zieht sich der nicht mehr als 700 Meter breite Ruppiner See von Alt Ruppin an seiner nördlichsten Spitze bis nach Wustrau-Altfriesack im Süden. Er ist damit der längste See Brandenburgs.

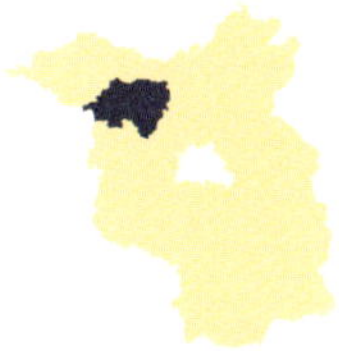

Die Häuser der Neuruppiner Altstadt liegen breit verteilt am nordwestlichen Seeufer, das hier von einer Promenade begleitet wird. Nähert man sich aus östlicher Richtung, so kann man schon von weitem die spitzen Kirchtürme erblicken, die sich über die städtische Kulisse der Fontane-Stadt erheben. Ansonsten begleiten flache Wiesen und Felder oder ein schmaler Waldsaum den See. Zwar gibt es nur wenige Buchten, doch ändert der Seelauf an manchen Abschnitten – etwa zwischen Treskow und Gnewikow – abrupt seine Richtung, so dass der Blick über den Wasserspiegel und die von ihm ausgehenden Stimmungen abwechslungsreich bleiben.
Am Ostufer verlässt der kurze Wasserarm der Lanke den See. An ihrer Spitze liegt das Dorf Wuthenow. Die leicht abschüssige Badewiese des Ortes findet sich an einer mäßig befahrenen Straße. Ungeachtet dessen erfreut sie sich großer Beliebtheit bei den Neuruppinern und lockt auch Durchreisende zu einer kurzen Badepause. Viele der gemalten oder fotografierten Ansichten Neuruppins verdanken ihren Ursprung dem Blick vom Wuthenower Lankeufer.
Den märkischen Charakter des Sees prägen jedoch die Dörfer Gnewikow, Karwe und Wustrau-AltFriesack am östlichen Ufer. In Gnewikow überdauerte neben der kleinen Dorfkirche aus dem 16. Jahrhundert das klassizistische Gutshaus von 1870 mit seinem zum See abfallenden Park die wechselvollen Zeitläufe. Im Ort gibt es eine ruhig gelegene Badestelle mit dem Charakter eines unbewachten Strandbades.
Dem Dorf Karwe folgt am südlichen Ende des Sees Wustrau-Alt Friesack, wo sich das Wasser wieder zum Flüsschen verengt und dem Rhinluch entgegenplätschert.

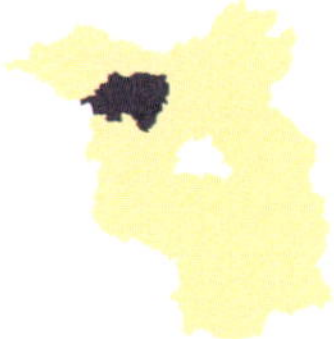

ANREISE

Auto Entweder über die B96 nach Gransee fahren und linker Hand nach Lindow weiter, oder bis Löwenberg fahren, auf die B167 nach Herzberg wechseln und nach rechts Richtung Lindow abbiegen.

Bus + Bahn Bequem mit dem Regionalexpress in Richtung Rheinsberg fahren und in Lindow (Mark) aussteigen.

Alter Lastenkahn auf dem Vielitzsee

INFORMATIONEN

Gastronomie

Hotel u. Restaurant **Klosterblick**
Am Wutzsee 53
16835 Lindow
Telefon: 033933 / 89 00

Gasthaus **Am Gudelacksee**
Am Gudelacksee 2a
16835 Lindow
Telefon: 03 39 33 / 723 30

Heidegasthof
Dorfstr. 2
16835 Klosterheide
Telefon: 033933 / 893 10

Jägerhof Zippelsförde
Dorfstaße 6,
16827 Zippelsförde
Telefon 033933 / 708 29

Bootfahren

Wutzsee: Bootsverleich
Am Wutzsee 53
16835 Lindow
Telefon: 033933 / 704 28

Gudelacksee:
Seerundfahrten und Bootsverleih
Gudelackufer 4
16835 Lindow
Telefon: 033933 / 702 78

TIPP Für Radfahrer: die „Drei-Seen-Tour". Die „Rhintour" begleitet den Flusslauf nach Norden und streift die Ruppiner Schweiz. Jede Tour ist etwa 30 Kilometer lang.

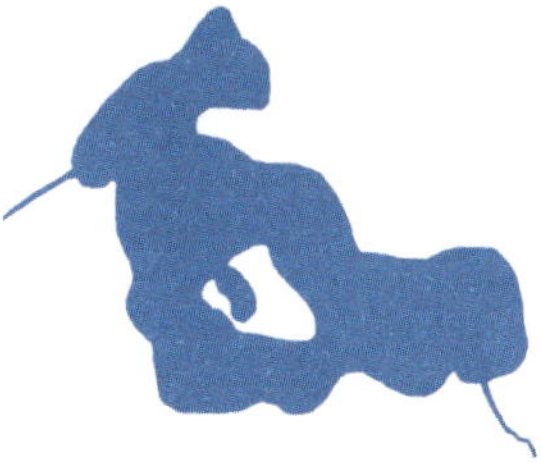

Die drei Seen von Lindow

„Lindow ist so reizend wie sein Name, zwischen drei Seen wächst es auf und alte Linden nehmen es unter ihre Schatten", schreibt Fontane. Besonders hatten es ihm jedoch das Kloster am Wutzsee und sein ummauerter Park angetan. „Wie seh ich, Klostersee, dich gern!" dichtete er. „Die alten Eichen stehn von fern / Und flüstern, nickend, mit den Wellen."

Auch in den Blumenteppichen, Kräuterlauben und Obstbaumspalieren eines wohlhabenden Bürgergartens erkannte Fontane jenen Reichtum, der zur Pflege des Schönen führt und sein Herz erfreute. Und zu Recht kann sich Lindow seiner reizvollen Lage zwischen drei Seen rühmen. Nur zehn Kilometer westlich von Neuruppin präsentiert sich die einstige Ackerbürger- und Handwerksstadt heute als freundlich renovierter Ort mit Cafés und Restaurants. Vor allem aber bieten die drei Seen alles, was Ausflügler und Urlauber wünschen: Anglerfreuden und Badespaß, Wanderungen und Geschichtliches und vor allem den erholsamen Aufenthalt an waldigen Ufern.

Die größte Wasserfläche beansprucht der 24 Meter tiefe Gudelacksee. Vier Kilometer beträgt die Ost-Westausdehnung des Sees, mehrere Badestellen verteilen sich in den schmalen Buchten und auf kleineren Landvorsprüngen. Am Ostufer des Lindower Strandbades kann gegen Eintrittsgebühr unter schützender Aufsicht an allen Tagen zwischen 11 Uhr und 20 Uhr gebadet werden. Vor den zwei naturnahen Badeplätzen, die an der nordöstlichen Seeseite unweit der Siedlungen Dampfmühle und Rosenhof liegen, lichtet sich der Schilfgürtel und gibt den Blick auf die „Werder" genannte Insel inmitten des Sees frei. Noch bis in die 1930er Jahre arbeiteten hier hunderte von Handwerkern in einer Ziegelei. Wer das inzwischen zum Flächennaturdenkmal erklärte Areal erkunden möchte, sollte den Lindower Bootsverleih aufsuchen.

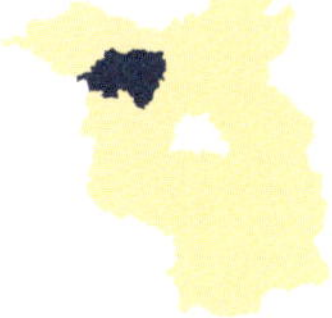

Eine weitere kleine Badewiese mit hellsandigem Strand liegt vor den wenigen Häusern Gühlens am

STROMER

Südufer des Sees. Fehlende Serviceeinrichtungen begünstigen die ruhige Atmosphäre des Badeplatzes, in dessen Nähe ein unscheinbarer Nebenarm des Rhin in den See strömt.

Der schmale Wasserarm des 90 Hektar großen und 17 Meter tiefen Wutzsees beginnt hinter der heute mit Strom statt Wasserkraft betriebenen Lindower Klostermühle und erstreckt sich über drei Kilometer bis in die Baumgartener Heide. An den beiden Naturbadestellen des Südufers umringt der Wald die teils sandigen oder von Gras bewachsenen Strandflächen. Sehr lohnend ist der Spaziergang auf einem Wanderweg rund um den See. Er passiert zunächst die kleine Brücke des Baumgartner Fließes, bevor er zu den Höhen des Steilufers aufsteigt und schließlich zur „Elefantenbucht" und zum „Großen Hechtbogen" führt. Die Wasserfläche schimmert während der gesamten Route durch den dichten Mischwald, und man kann sich gut vorstellen, was die Zisterzienser im 13. Jahrhundert veranlasste, hier eines der reichsten Nonnenklöster der Mark zu gründen. An vereinzelten Stellen gestatten Zugänge ein erfrischendes Bad im See. Am winzigen Strubensee, wenige Meter südlich des Wutzsees, folgt eine weitere ungewöhnlich schöne Naturbadestelle.

Während der Gudelacksee für den Motorbootverkehr freigegeben ist, besticht der Wutzsee durch seinen ruhigen und natürlichen Charakter. Nur der Wind kräuselt hier die klare Wasserfläche.

Der Vielitzsee beginnt am südlichen Stadtausgang Lindows. Zum Baden ungeeignet, bleibt der nur drei Meter tiefe See ein bevorzugtes Revier für Angler.

Radfahrern, aber auch Wanderbegeisterten seien die ausgewiesenen Routen von Lindow in die wald- und wasserreiche Umgebung empfohlen.

Das Rheinsberger Seengebiet

Als ein Teil des Naturparks Stechlin-Ruppiner Land, der sich im Norden Brandenburgs zwischen den Städten Fürstenberg, Gransee, Neuruppin und Wittstock erstreckt, charakterisieren ausgedehnte Waldflächen mit zahlreichen klaren Seen in einer teils flachwelligen, teils unruhig hügeligen Landschaft das Rheinsberger Seengebiet.

Die typisch glazial geformte Landschaft entstand während der Eisstillstandsphase des Frankfurter Stadiums vor etwa 16 000 bis 18 000 Jahren. In einem großen Bogen umschließen bewaldete Hügel die Seenlandschaft: Zwei deutlich ausgeprägte girlandenförmige Hügelketten verlaufen von Gransee und Fürstenberg in Richtung Rheinsberg. Östlich von Rheinsberg durchbricht das aus Schmelzwasser entstandene Tal des heutigen Rhinflusses den Endmoränenwall nach Süden. Die Krähenberge südwestlich von Rheinsberg bilden mit 118 Metern die höchste Erhebung dieses Höhenrückens.

Im Rheinsberger Zungenbecken lag der breite Ausläufer eines Gletschers, der mit seinen über die Jahrtausende hin gedehnten Bewegungen eine große, halbkreisförmige Vertiefung ausgrub. Die Rheinsberger Seen lassen die Bewegung jener Eiszunge und deren Ausrichtung nach Süden, Südwesten und Südosten noch deutlich erkennen. Von den Wassermassen der abschmelzenden Gletscherzunge ausgewaschen, entstanden der Große Linowsee, der Dollgowsee sowie der Große Pälitzsee als Rinnenseen. Der Himmelreichsee dagegen ist ein typischer Moorsee.

Insgesamt liegt etwa die Hälfte der nährstoffarmen Klarwasserseen Brandenburgs im Naturpark Stechlin-Ruppiner Land. Zu den insgesamt 100 Seen zählen auch zehn seltene Klarwasserseen, deren bedeutendster und größter der Große Stechlin ist. Die Gegend ist reich an Altbuchenbeständen, Mooren, Söllen und Tieflandbächen, etwa dem Kleinen Rhin oder der Döllnitz. Auf einem gut ausgebauten Netz von Fuß- und Radwanderwegen lässt sich diese Region herrlich erkunden.

5

MECKLENBURG-
VORPOMMERN
ranser
See
tstock
PRIGNITZ-
RUPPIN
Gr. Zechliner See
Rheins-
berger See
Rheinsberg
Stolpsee
Gr. Stechlinsee
B 96
5
Gr. Lychen-
see
Zenssee
7
A 24
Tornowsee
Rhin
Lindow
Gransee
Zehdenick
Gudelacksee
4
Neuruppin
6
OBER-
HAVEL
B 167
Ruppiner See
Dretzsee

ANREISE

Auto Auf der A10 bis Abfahrt Oranienburg und weiter auf der B96 Richtung Fürstenberg fahren. In Gransee die B96 verlassen und nach Menz weiterfahren.

Bus + Bahn Mit dem Regionalexpress bis Gransee und weiter mit dem Bus 836 (Neuglobsow, Stechlin) bis Stechlin-Menz.

Roofensee

INFORMATIONEN

Gastronomie

Gasthaus **Zum Roofensee**
Rheinsberger Str. 2
16775 Menz
Telefon: 033082 / 514 87

Mickys Bierstübchen
Seestr. 5
16775 Menz
Telefon: 033082 / 502 29

Bistro **Doreen**
Seestr. 11
16775 Menz

Badestelle

Mit Sitzbänken, Toiletten und Umkleidehäuschen.

Parkplätze gebührenfrei von der Straße Richtung Rheinsberg erreichbar oder im Dorf.

Ausstellung

NaturParkHaus Stechlin
Kirchstr. 4
16775 Menz
Telefon: 033082 / 512 10
Mai bis September täglich von 10–18 und Oktober bis April täglich 10–16 Uhr.

TIPP Die Erlebnisausstellung im Besucherzentrum des Naturparks Stechlin-Ruppiner Land im NaturParkHaus Stechlin in Menz.

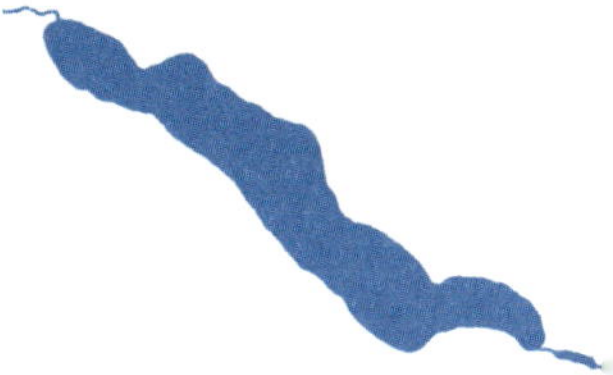

ROOFENSEE

13 Kilometer nordöstlich von Gransee liegt das Dorf Menz am Roofensee. Lang und schmal erstreckt sich dieses herrliche blau-grüne Gewässer seit der Eiszeit in jener Wald- und Seenlandschaft, die heute zum Naturschutzgebiet Stechlin gehört. Nur an seinem südlichsten Zipfel berühren sich See und Dorf.
Von hier aus kann man den Turm der spätmittelalterlichen Feldsteinkirche sehen, doch die übrigen Häuser der 700-Seelen-Gemeinde bleiben hinter dem ufernahen Wallberg verborgen. Auf dieser dünenartigen und gegenwärtig von Kiefern bestandenen Erhöhung siedelten einst die Slawen, bis im Mittelalter eine Herrenburg den erhabenen Platz einnahm. Am Fuße des Wallbergs verläuft ein Hohlweg, der die Badestelle mit dem Dorfkern verbindet, dessen Häuser sich in auffälliger Weise um einen zentralen Platz gruppieren.
Besonders aufwändig renoviert wurde die alte Oberförsterei, die heute das NaturParkHaus Stechlin beherbergt. Seine Tür steht Besuchern, die Umfassenderes über die Reize der Seen- und Waldlandschaft erfahren möchten, täglich offen. Besonders mit Kindern lohnt sich hier ein Besuch: Ein Fahrstuhl fährt scheinbar auf den Grund des Sees und mit der richtigen Nummer kann man sogar beim Kranich anrufen.
Für Spaziergänger bietet sich Menz als Ausgangspunkt für eine sechs Kilometer lange Wanderung entlang des schattigen Waldsaumes um den See herum an. Auch zu den benachbarten Gewässern führen verschiedene gut ausgeschilderte Straßen und Wege.
Wer jedoch an warmen Tagen den von einzelnen Bäumen beschatteten Wiesenstrand der Dorfbadestelle aufsucht, wird die Ruhe und Klarheit des Sees vermutlich jeder Anstrengung vorziehen. Ungestört von Ausflüglern größerer Zahl ist man auch an einer der drei weiteren wilden Badestellen, die sich am nördlichen Ufer des Sees verteilen.

ANREISE

AUTO Auf der B96 über Oranienburg und Löwenberg nach Gransee fahren und auf die L22 Richtung Großwoltersdorf wechseln. In Menz auf die L15 Richtung Neuglobsow fahren.

BUS + BAHN Mit dem Regionalexpress Richtung Rostock bis zum Bahnhof Fürstenberg (Havel) und weiter mit dem Bus 839 nach Neuglobsow.

FAHRRAD Komfortabel ausgebaute Radwege in schöner Umgebung. Auch Skater kommen voll auf ihre Kosten.

GROSSER STECHLINSEE

INFORMATIONEN

GASTRONOMIE

Gaststätte und Pension **Fontanehaus**
Fontanestr. 1
16775 Neuglobsow / Stechlin
Telefon: 033082 / 64 90

Restaurant **Luisenhof**
Stechlinseestr. 8
16775 Neuglobsow / Stechlin
Telefon: 033082 / 703 86

Café **Glasstübchen**
Stechlinseestr. 6
16775 Neuglobsow / Stechlin
Telefon: 033082 / 406 07

Frischen Fisch zu günstigen Preisen isst man in der Fischerei **Stechlinsee** direkt am See.

BADEN

In Neuglobsow führt ein Weg zum Strand und von dort aus weiter um den See. Wegen seiner flachen Ufer und dem herrlich klaren Wasser ist der See sowohl bei Schwimmern als auch Tauchern sehr beliebt. Bewachter gebührenpflichtiger Parkplatz im Ort.

TIPP Der Laufpark Stechlin ist ein Paradies für Bewegungssportler, mitten im Naturpark Stechlin-Ruppiner Land mit Strecken unter *www.laufpark-stechlin.de.*

GROSSER STECHLINSEE

Der See liegt still und vornehm, bis unerwartet Wasserhosen ihren Tanz zwischen den Ufern beginnen. Strudel und Trichter gurgeln, dann steigt der Rote Hahn aus den Tiefen des Sees empor, seine Flügel schlagen die Wasseroberfläche bis sie schäumt, und sein Schreien durchhallt den umliegenden Wald. Stürmische Winde und springende Wasserstrahlen künden das Unheil an, welches jenen widerfährt, die diesen Vorboten nicht respektieren. Die Überlieferung berichtet von Fischern, die dennoch ihre Netze auslegten, bis der rote Krähvogel sie auf den Grund des wellenschäumenden Sees zog.

Während seiner märkischen Wanderungen lauschte auch Theodor Fontane der Geschichte von den geheimnisvollen Launen des Sees und wob den Sagenstoff später in seinen 1899 erschienenen Roman „Der Stechlin“ ein. Seither ist der eine literarische Berühmtheit.

Seine eigentliche Geschichte beginnt jedoch schon am Ende der letzten Eiszeit: Mit Geröll beladene Wassermassen, die einer tauenden Gletscherzunge entstammten, schürften und spülten eine bis zu 70 Meter tiefe Rinne in die Erde. Sie füllte sich anschließend mit einem Wasser, das so klar war, dass die slawischen Bewohner der Gegend „steklo“ nannten, „Glas“. Aus diesem Ursprung entstand später der Name Stechlin, dem er als angeblich klarster See Deutschlands noch heute Ehre macht. Bis zu 14 Meter kann man in das Wasser hinab blicken; seinen tiefsten Grund, der sich 69 Meter unter dem Meeresspiegel befindet, hält der See jedoch geheimnisvoll verborgen. Auch seine vielgliedrige Gestalt lässt sich der zahlreichen Buchten und halbinselartigen Vorsprünge wegen nicht mit einem Blick erfassen. Sie offenbart sich nur während einer zwölf bis sechzehn Kilometer langen Wanderung um die von sumpfigen Niederungen und Röhricht sowie dichten Buchen und Eichen gesäumten Ufer des Stechlin.

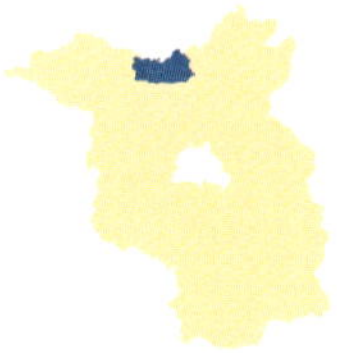

Der See und sein ihn umschließender Laubmischwald wurden bereits im Jahre 1938 unter Naturschutz

gestellt. Ungeachtet dessen nahm 1966 an seinem Südwestufer das erste Kernkraftwerk der DDR den Betrieb auf. In diesem Zusammenhang wurde der schmale Graben, der um 1750 für die Holzflößerei anlegt worden war, um den Stechlin über den Nehmitzsee und den Roofensee mit der Havel zu verbinden, zu einem acht Meter breiten Auslaufkanal des Kernkraftwerks erweitert. Eine Temperaturerhöhung des Seewassers um ein Grad sowie eine Absenkung des Wasserspiegels um 1,5 Meter waren die empfindlichen Folgen dieses Eingriffs. 1990 wurde das Kraftwerk schließlich stillgelegt und der Reaktor entfernt. Der vollständige Abriss der Industriebrache ist jedoch erst für das Jahr 2009 angekündigt.

Dagegen fällt es den Bewohnern des Ortes Neuglobsow am Südostzipfel des Sees zu, dessen natürliches Erbe zu verwalten. Das ehemalige Glashüttendorf wurde bereits um 1900 zum Ausgangspunkt sonntäglicher Erkundungen. Seither entstanden zahlreiche Pensionen und Ausflugslokale in einem Ortskern, der seinen Charakter ruhiger Beschaulichkeit auch in den Sommermonaten nicht preisgibt. Die Häuser bleiben in respektvollem Abstand zum See. Ein breiter Waldweg führt vom Ort dorthin und gabelt sich nach wenigen Metern vor der Neuglobsower Badestelle, einem beschatteten Wiesenplatz im Charakter einer Naturbadestelle. In südlicher Richtung gelangt man zum „Fischerhaus", wo die Einkehr mit frischem Fang aus dem See belohnt wird. Wer den Wanderweg jedoch nach rechts einschlägt, erreicht nach zwei Kilometern den Badeplatz in der „Sonnenbucht". An diesem nördlichsten Zipfel des Sees öffnet sich der dichte Waldsaum zu mehreren kleinen Lichtungen. Der helle Sandstreifen reicht bis in das klare Wasser und fällt rasch in die Tiefen des Sees ab. Dahinter schließt sich der Waldvorhang erneut, und die Buchen neigen wieder ihre Zweigspitzen zum Wasser, als würden sie, wie es Fontane beschreibt, „von ihrer eigenen Schwere nach unten gezogen".

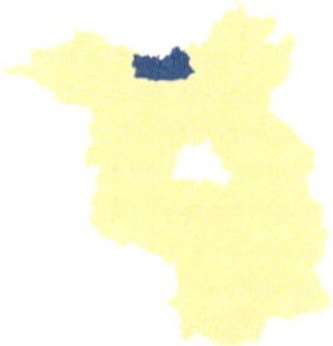

ANREISE

AUTO Auf der B96 über Oranienburg und Löwenberg nach Gransee fahren und auf die L22 Richtung Schönermark wechseln. Hier auf die L223 nach Sonnenberg fahren und in Rheinsberg links auf die L15 nach Zechlinerhütte abbiegen.

BUS + BAHN Mit dem Regionalexpress bis Rheinsberg (Mark) fahren und weiter mit dem Bus 788 Richtung Großzerlang bis Zechlinerhütte.

FAHRRAD Von Rheinsberg führt ein ausgebauter Radweg nach Zechlinerhütte.

SCHLABORNSEE

INFORMATIONEN

GASTRONOMIE

Hotel **Haus am See**
Zechliner Str. 5
16831 Zechlinerhütte
Telefon: 033921 / 76 90

Restaurant **Hüttensee**
August-Bebel-Platz 1
16831 Zechlinerhütte
Telefon: 033921 / 703 44

Gaststätte **Zur Hütte**
Im Winkel 2
16831 Zechlinerhütte
Telefon: 033921 / 702 03

Caféstübchen **Am Schlabornsee**
Zechlinerstr. 9
16831 Zechlinerhütte
Telefon: 033921 / 706 47

BADESTELLEN

Finden Sie direkt in Zechlinerhütte.

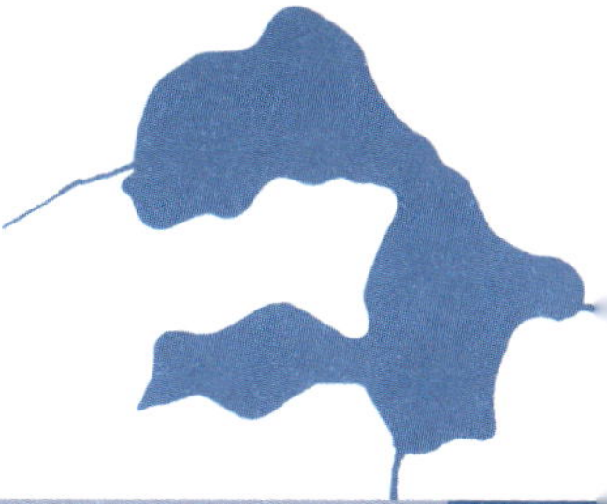

TIPP Der Schlabornsee und seine umliegenden Gewässer sind wunderbar mit dem Kanu zu erkunden.

SCHLABORNSEE

Der Schlabornsee und der an seinen Ufern gelegene Ausflugsort Zechlinerhütte bilden den Mittelpunkt des Rheinsberger Seen- und Waldgebietes. Während der Sommerzeit wird der Ort zu einer Art Knotenpunkt Erholung suchender Touristen, die sich dann von hier aus zu Wasser oder zu Lande erneut in alle Himmelsrichtungen verteilen. Cafés und Gaststätten, ein Fährschiffanleger, etliche Bootsverleihe und eine öffentliche Badestelle säumen die Ufer des weit verzweigten, etwa 70 Hektar großen Sees. Seine Wasserqualität ist recht gut, Stille und Einsamkeit wird man hier jedoch nicht finden. Ein Zeltplatz befindet sich auf der dem Ort gleichsam zustrebenden Halbinsel am gegenüberliegenden Ufer.

Die vollständige Gestalt des Sees lässt sich angesichts seiner zahlreichen Buchten und Wasserläufe, die zu seinen fünf Nachbargewässern führen, kaum erkennen. Wie die meisten Seen um Rheinsberg war auch der Schlabornsee einst ein isoliertes Gewässer, dem allenfalls kleine Bachläufe zu- oder entströmten. Vermutlich wurden die Kanäle und Durchstiche, die von Zechlinerhütte ausgehen, im 18. Jahrhundert angelegt. Von 1736 an bis Ende des 19. Jahrhunderts wurden hier in der „Weißen Hütte“ Pokale und farbige Gläser hergestellt, die heute im Märkischen Museum in Berlin zu sehen sind. Der Bau des Hüttenkanals realisierte den für den Holztransport wichtigen Anschluss an die obere Havel. Heute wird er – wie auch die anderen Kanäle – nur noch von Wasserwanderern genutzt.

Um den Schlabornsee versammeln sich in dichter Folge typische Merkmale der ansonsten stillen und weitläufigen Landschaft um Rheinsberg. Dichte Waldstücke werden immer wieder von den zahlreichen Seen und ihren in noch größerer Zahl vorhandenen Wasserarmen durchzogen, so dass sich jedem, der diese Gegend eine Weile bereist, die Frage stellt: Wird das Land vom Wasser umgeben, oder verhält es sich umgekehrt?

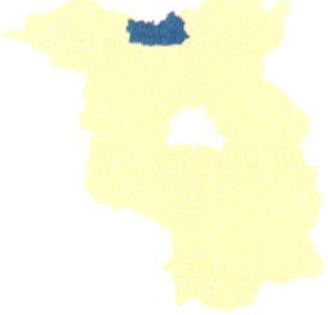

ANREISE

Auto Auf der B96 über Oranienburg und Löwenberg nach Gransee fahren und auf die L22 Richtung Schönermark wechseln.
Hier auf die L223 nach Sonnenberg abbiegen und über Rheinsberg und Zechlinerhütte nach Kleinzerlang fahren.

Bus + Bahn Mit dem Regionalexpress bis Rheinsberg (Mark) fahren und weiter mit dem Bus 788 Richtung Großzerlang bis Kleinzerlang Kirche.

Kleiner Pälitzsee

INFORMATIONEN

Gastronomie

Restaurant **Büdnerhaus**
Dorfstr 31
16831 Rheinsberg-Kleinzerlang
Telefon: 033921 / 702 89

Landhotel & Restaurant **Lindengarten**
Dorfstr. 33
16831 Rheinsberg-Kleinzerlang
Telefon: 033921 / 76 80

Service

Badestelle Kleinzerlang:
WC, Müllentsorgung, Imbiss.

Gegenüberliegend ein kleiner unbewachter Parkplatz.

TIPP Der Bootsverleih am Ausgang des Straßendorfes Kleinzerlang in Richtung Großzerlang bietet die Möglichkeit, die Kette der sich anschließenden Seen vom Wasser aus zu erkunden.

Kleiner und Grosser Pälitzsee

Der Kleine und Große Pälitzsee bilden den natürlichen Übergang von der Rheinsberger Seenlandschaft zur Mecklenburger Seenplatte. Nördlich liegt das Straßendorf Kleinzerlang. Während eines ruhigen Spaziergangs an Eichen und Linden entlang zum Kleinen Pälitzsee passiert man die Kirche des Ortes. Am Ende des Dorfes laufen dann die Wiesen in eine zungenartig eingeschnittene Wasserbucht aus. Abseits von den touristischen Sammelpunkten der näheren Umgebung gelegen, vermittelt der Blick vom Badestrand von Kleinzerlang das Gefühl des Angekommenseins. Um den buchtenreichen See versammelt sich vor ansteigenden Feldern eine lichte Reihe alter Bäume. Ein gemütlicher, allerdings schattenloser Wiesenstrand bildet den Teppich der von den Dorfbewohnern liebevoll gepflegten Badestelle. Ausflügler und einheimische Badelustige teilen sich gleichermaßen die Ruhe und den Platz am Seeufer. Das kleine Areal ist niedrig umzäunt, aber ohne Gebühr zugänglich. Zwei kleine Häuschen garantieren sanitäre Sauberkeit und beherbergen auch einen Imbiss. Ein Spielplatz und ein Basketballkorb sorgen für weitere Zerstreuung. Auf der Wiese sitzend wird man der sommerlichen Karawane paddelnder oder tuckernder Kleinboote gewahr, die abwechselnd aus dem nahen Kanalzulauf dem See zuströmen oder durch ihn entschwinden. Die Badestelle selbst bleibt von diesem Treiben unberührt. Einzig ein kurzer Steg erlaubt es Wasserwanderern, im Dorf zu rasten oder einzukehren.

Der Kleine Pälitzsee streckt nach Westen einen schmaler werdenden Wasserarm zum Canower See aus. Östlich gelangt man nach einer schmalen Verjüngung (mit Badestelle) über die Schleuse Wolfsbruch zum Großen Pälitzsee. Gemeinsam umschließen die beiden Pälitzseen eine große Halbinsel, in deren Mittelpunkt zwischen Wald und Feldern das Dorf Großzerlang liegt. Die hiesige Badestelle findet sich etwa einen halben Kilometer entfernt vom Ort und ist nur zu Fuß oder mit dem Fahrrad erreichbar.

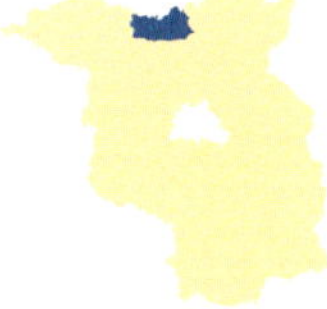

ANREISE

AUTO Über die A10 in Richtung Hamburg bis AD Havelland, dort auf die A24 in Richtung Hamburg bis Abfahrt Neuruppin-Süd fahren und die Autobahn Richtung Neuruppin verlassen. Neuruppin durchqueren und in Richtung Wittstock verlassen. Ab dem Ortsausgang Neuruppin immer den Vorwegweisern Richtung Flecken Zechlin folgen.

BUS + BAHN Mit dem Regionalexpress bis Rheinsberg (Mark) fahren und weiter mit dem Bus 785 nach Flecken Zechlin.

GROSSER ZECHLINER SEE

INFORMATIONEN

GASTRONOMIE

Café **Zur Brücke**
Strandpromenade 8
16837 Flecken Zechlin
Telefon: 033923 / 704 71
Am nordöstlichen Ufer des Schwarzen Sees direkt am Kanal zum Großen Zechliner See gelegen, täglich von 11–22 Uhr geöffnet.

Restaurant **Kapstadt**
im Hotel **Seeblick**
Weinbergsring 56
16837 Flecken Zechlin,
Telefon: 033923 / 71 60
Südafrikanische Spezialitäten.

Hotel **Gutenmorgen**
Zur Beckersmühle 103
16837 Flecken Zechlin
Telefon: 033923 / 702 75

BADESTELLE

Unbewachte Badestellen gibt es am Großen Zechliner See, für Mülleimer ist gesorgt, jedoch muss man auf Imbissbuden und sanitäre Einrichtungen verzichten.

GROSSER ZECHLINER SEE

An die steilen Ufer des Schwarzen Sees schmiegt sich die Ortschaft Flecken Zechlin. Ihren miniaturstädtischen Charakter verdankt sie den Mönchen des Zisterzienserklosters Doberan, die hier im 13. Jahrhundert siedelten. Auch die brandenburgischen Kurfürsten, angefangen im 16. Jahrhundert mit Johann Georg, wussten die Lage des Ortes zu schätzen und erkoren Flecken Zechlin zur Residenz. Heute beschwert ein über der lieblichen Kulisse des Ortes fremd anmutendes Schulgebäude die Grundmauern, auf denen sich einst der klösterliche Wirtschaftshof und später das barocke Sommerschloss erhoben.
Zum Ziel von Sommerfrischlern entwickelte sich Flecken Zechlin seit den 1920er Jahren. Sogar eine Bahnverbindung nach Berlin existierte, die jedoch nach dem Zweiten Weltkrieg demontiert wurde. Seit den 1950er Jahren stand der Ort dann ganz im Zeichen des FDGB-Tourismus; der Zusammenbruch der DDR bedeutete jedoch das Ende des Massenandrangs. Heute bieten Ausflugslokale mit Biergarten und gediegene Gaststätten Kulinarisch-Deftiges für Durchreisende und länger Verweilende. Der suchende Blick nach einer Badestelle um den runden und von steil bewaldeten Hängen oder kleinen Parzellen eingefassten See bleibt jedoch unbelohnt. Das Rätsel löst sich erst mit dem Verlauf des schmalen Wasserdurchstichs auf der gegenüberliegenden Seeseite auf: Nach dreihundert Metern öffnet sich die kanalartige Verengung zum Großen Zechliner See, dessen Wasserfläche sich in die hier vorherrschende Waldlandschaft ausbreitet.
Am Nordufer lugen einige Zeltplatzbungalows durch die grüne Kulisse, die jedoch den Blick auf den scheinbar unberührten See nicht trüben. Dichte Baumkronen und steile Böschungen verbergen die ansteigende Feldlandschaft hinter dem unbebauten Südufer des Sees, wo sich die öffentliche, zu Flecken Zechlin gehörende Wiesenbadestelle befindet. Das Wasser ist sehr sauber, und der familienfreundliche Badestrand bietet auch Ruhesuchenden ein schattiges Plätzchen.

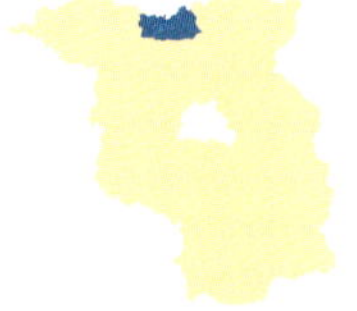

ANREISE

AUTO Auf der A10/24 in Richtung Hamburg bis Neuruppin-Süd fahren. Neuruppin Richtung Wittstock durchqueren und den Wegweisern nach Flecken Zechlin und weiter nach Luhme folgen.

BUS + BAHN Mit dem Regionalexpress nach Rheinsberg (Mark) und weiter mit dem Bus 785 nach Flecken Zechlin fahren. Mit dem Bus 793 (fährt selten) von hier nach Luhme.

RAD Ab Flecken Zechlin mit dem Rad (Mitnahme prüfen) nach Luhme.

KLEINER LUHMER SEE

INFORMATIONEN

BADEN

Etwa 100 Meter vom Dorfrand von Luhme entfernt findet man eine gut ausgebaute und gepflegte Badestelle mit Steg, Picknickrastplätzen und Tischtennisplatten.

TIPP Im Sommer lockt das Rosenfest mit buntem Programm und vielen Attraktionen die Besucher auf den Festplatz nach Luhme.

Kleiner Luhmer See

Verborgen in einem Waldkessel am Rande des Dörfchens Luhme liegt der Kleine Luhmer See. Von einem schmalen Rinnsal mit frischem Wasser versorgt, vermittelt er den Eindruck einer von dichtem Grün umgebenen Naturbadewanne.

Etwa einhundert Meter vom Dorfrand entfernt befindet sich eine wilde Badestelle. Holzbänke mit dazugehörigem Tisch laden zu einem Picknick auf der Wiese unter Bäumen ein. Eine steinerne Tischtennisplatte und ein kleiner Holzsteg zum Wasser verheißen Spiel- und Badevergnügen. Diese wenigen Ausstattungsgegenstände bleiben die einzigen Spuren menschlicher Berührung mit diesem natürlich belassenen Gewässerkleinod, dem man sich - auch aufgrund fehlender Parkplätze - am besten zu Fuß nähert.

Ähnlich unberührt ist auch das Dorf. Durchzöge Luhme nicht die kleine, zum Teil unbefestigte Verbindungsstraße zwischen Zechlinerhütte und Flecken Zechlin, so blieben das verschlafene Dorf, in welchem die Suche nach einer Gaststätte erfolglos bleibt, wie vergessen liegen.

Im nahen Naturschutzgebiet verteilen dann zwei große Seen ihr Wasser in die buchtenreiche Waldlandschaft: Der Twernsee gilt als Quellgebiet des Rhinflusses. Sein recht tiefes Wasser liegt inmitten steil abfallender Ufer, die auf einem markierten Weg bewandert werden können. Für ein erfrischendes Bad - vor oder nach einer Wanderung - sollte jedoch die Waldbadestelle am Großen Wummsee gewählt werden. Sie liegt wenige Meter nördlich der Siedlung „Grüne Hütte“ am südlichen Ufer. Unweit der verlassen wirkenden Häuser liegt ein kleines von Baumstämmen umfriedetes Areal zum Parken.

Von hier aus bietet sich auch ein kürzerer Waldspaziergang am Ufer des blicknahen Kapellensees an. Für diesen Klarwassersee ist keine Badestelle ausgewiesen, was den Reiz des Verweilens an seinen Ufern jedoch nicht mindert.

Zwischen Oberhavel und Niederbarnim

Nordwestlich von Berlin erhebt sich nach der Bruchlandschaft um Oranienburg und der Schnellen Havel bei Liebenwalde die kleine Hochfläche der Granseer Platte. Hier liegen die Seen des Löwenberger Landes. Abfallend zum Lauf der oberen Havel mit der Zehdenicker Teichlandschaft im Norden schließt sich die Schorfheide an. Das Döllnseefließ und die Welse bilden die nördliche Begrenzung des großen geschlossenen Waldgebietes. Im Nordosten reicht das traditionsreiche Jagd- und Ausflugsgebiet bis nach Joachimsthal zum Grimnitzsee, während mit der Autobahntrasse Berlin-Prenzlau eine künstliche Barriere zur Choriner Gegend im Osten geschaffen wurde. Der südliche Rand der Schorfheide wird vom Oder-Havel-Kanal und vom Finow-Kanal begleitet, die als künstliche Wasserstraßen die Oder und Havel verbinden. Ab der westlichen Havelniederung bei Hennigsdorf und Oranienburg steigt sanft die Barnimer Hochfläche als Niederbarnim auf, um im Osten als Hoher Barnim steil zur Oder abzufallen. Die wald- und seenreiche Landschaft dieses Naturparks wird von den Städten Oranienburg, Eberswalde, Bernau und Biesenthal eingerahmt. Die Konturen der Landschaft sind bestimmt von den Spuren der letzten Eiszeit, die vor etwa 10 000 Jahren endete. Hügel, Seen, Moore und Wälder bestimmen heute ihr Gesicht, zahlreiche Naturschutzgebiete sorgen dafür, dass an manch einem Gewässer sogar wieder Seeadler ihre Horste bauen.

Doch auch geschichtlich steht die Region für Reichtum und Zeugenschaft: Fürstliche Schlösser, romantische Dorfkirchen oder die Sommerresidenz Bertolt Brechts lassen sich hier ebenso finden wie das ehemalige Badehaus von Hitlers Reichsmarschall Hermann Göring oder die einst luxuriösen Wochenendsiedlungen privilegierter DDR-Funktionäre.

6

RUHLSDORFER KIESSEEN | SCHORFHEIDE

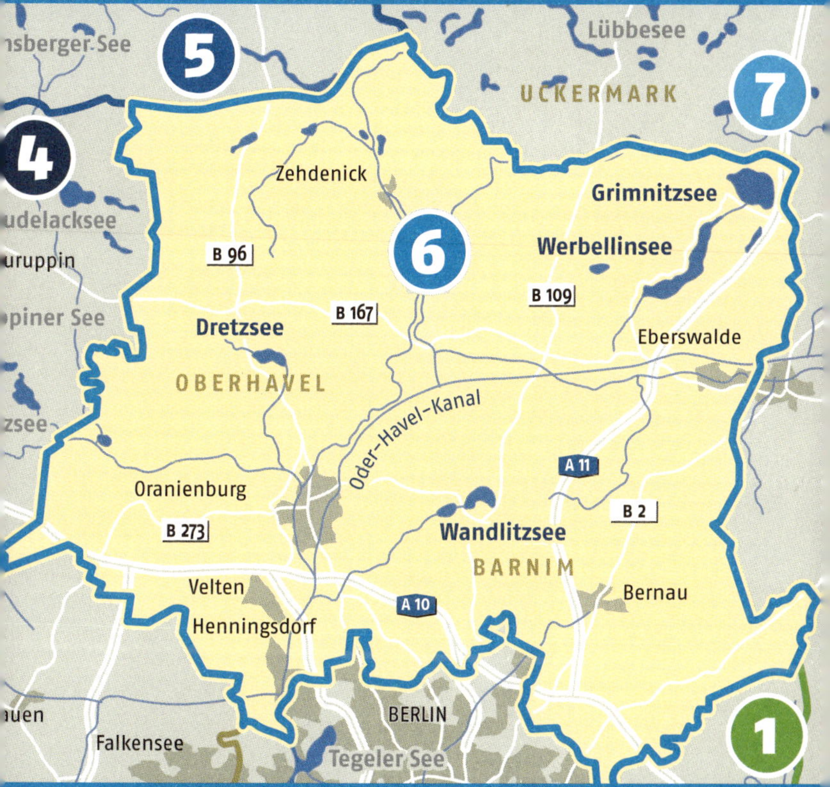

ZWISCHEN OBERHAVEL UND NIEDERBARNIM

ANREISE

AUTO Auf der B96 über Oranienburg und Löwenberg Richtung Meseberg fahren.

BUS + BAHN Mit dem Regionalexpress nach Gransee Bahnhof fahren und weiter mit dem Bus 835 nach Meseberg oder mit dem Fahrrad ab Bahnhof Gransee.

BLICK ÜBER DEN HUWENOWSEE

INFORMATIONEN

GASTRONOMIE

Gaststätte
Zum Märkischen Waidmann
Heidestr. 33
16775 Baumgarten
Telefon: 033083 / 801 20
Montag Ruhetag.

Gaststätte **Paarmann**
Meseberger Dorfstr. 14
16775 Meseberg
Telefon: 03306 / 21 36 74
Täglich ab 10 Uhr geöffnet.

BADEN

Am Schloss Meseberg befindet sich die schön abfallende naturbelassene alte Dorfbadestelle. Ein kleiner umfriedeter Platz auf Höhe der Waldböschung gewährt etwa zehn Autos Parkmöglichkeiten.

TIPP

Huwenowsee

„Selbst die Blätter rauschen leiser als anderswo.“ (Theodor Fontane)

Im Schatten des gelb verputzten, leuchtenden Meseberger Schlosses liegt still der Huwenowsee, dessen Wasserfläche vor dem abschüssigen Garten der Barockresidenz noch einem angelegten Teich ähnelt. Aber hier beginnt nur der östliche Zipfel eines gewundenen Wasserbettes, das sich, geschützt in einem von Altbuchen gesäumten Kessel, über 2,5 Kilometer bis in den angrenzenden Wald der Baumgartener Heide schlängelt. Von dort strebt das klare Seewasser als schmales Fließ dem Lindower Wutzsee zu. An Uferabschnitten mit Seerosenfeldern und Krautbanken oder neben wasserberührenden Bäumen warten vorzugsweise Angler auf das Zucken ihrer Schnüre. Der zwischen fünf und zehn Meter tiefe See birgt einen an Arten reichen Fischbestand.
Zwei Waldwiesenbadestellen verteilen sich auf die beiden Spitzen des Sees. Am westlichen Rand des Huwenows beanspruchen und gewähren die Bewohner Baumgartens ihr heimisches Baderecht; am Meseberger Nordzipfel kann die alte Badestelle trotz neuer Schlossbewirtschaftung weiterhin genutzt werden. Ein kleiner umfriedeter Platz auf der Höhe der Waldböschung gewährt etwa zehn Autos Parkmöglichkeiten. Der Mittagssonne zugewandt, schmiegt sich im nördlichen Rund zwischen Schloss und Badestelle eine kleine Weinstockanlage an die Uferböschung. Ob die märkische Erde und die hiesigen Breiten die Trauben zu herbstlicher Süße heranreifen lassen, mögen die Bewohner Mesebergs beurteilen, die in den letzten Jahren von den Schlossherren zu eigenverbrauchender Ernte eingeladen wurden.
Nachdem das Schloss nach 1945 erst Flüchtlingen Obdach bot, beherbergte es in den letzten 50 Jahren einen Kindergarten, eine Schule, einen Konsum und die LPG-Küche. Bis sich die Politik für das Anwesen interessierte, ließ die Messerschmidt-Stiftung München seit 1995 sowohl das Schloss als auch die Gartenanlage aufwändig restaurieren.

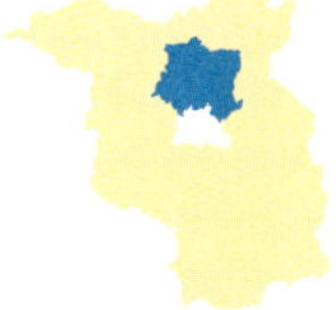

Ab 2006 können nun parkenden Staatskarossen (oder landenden Hubschraubern) prominente Persönlichkeiten entsteigen, die als Gäste der Bundesregierung Einlass ins Kavaliershaus des Schlosses finden werden. Ob das Dorf Meseberg (mit seiner für die Region ungewöhnlichen barocken Kirche) im Zuge kommender Zeiten seinen grauverschleierten Charme verliert, bleibt abzuwarten. Noch nimmt eine holprige Straße ihren Weg an den Häusern und dem Schloss vorbei zum unveränderten Huwenow.

P.S. Nur drei Kilometer nördlich reiht sich ein Band vier kleinerer Seen aneinander, die sich sowohl vom nahen Gransee als auch von Meseberg erreichen lassen. Der Große Dölchsee bildet den Beginn der kurzen Kette und weist an seinem Ostufer eine Badestelle aus, die von den Bewohnern Gransees gern besucht wird. Der fünf bis sieben Meter tiefe See ist größtenteils von Wald umgeben und wird neben seinem Schilfgürtel von zwei Seerosenfeldern geziert.
Der sich anschließende Kleine Dölchsee ist von dichtem Schilf eingesäumt und von Seerosen überwachsen. Das nur 1,20 Meter flache Gewässer wird von Anglern geschätzt, die allerdings nur mit einem Boot und einer Genehmigung an die reichen Fischgründe gelangen.
Der Kirchsee (zwei bis sechs Meter tief) liegt unmittelbar an dem Dorf Baumgarten und hat noch keine öffentliche Badestelle. Wo einst klares Wasser aus einer Quelle in den See sprudelte, stehen heute noch Bewässerungspumpen. Manche Anwohner hoffen, dass an diesem Platz wieder die alte Badestelle entstehen wird. Bis dahin schwimmen Angelkähne ruhig um die Seeinsel. (Erlaubnisscheine sind beim Fischer in Gransee einzuholen.)
Auch der zwischen Baumgarten und Keller liegende Salchowsee ist ein Fischereigewässer, hat jedoch zwei wilde Badestellen an seinen feld- und waldumgebenen Ufern.

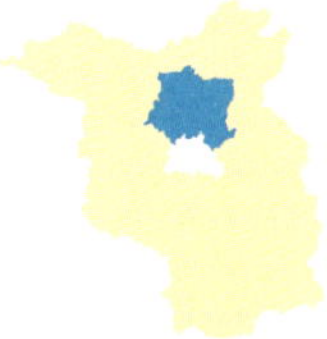

ANREISE

Auto Von der A10 fahren Sie am Autobahndreieck Oranienburg ab in Richtung B96 in Richtung Nassenheide/Löwenberg. Ab Löwenberg in Richtung Liebenberg weiter fahren.

Bus + Bahn Mit dem Regionalexpress bis Löwenberg (Mark) fahren und weiter mit dem Bus 830 bis Liebenberg.

Waldweg am Grosse Lanke See

INFORMATIONEN

Gastronomie

Hotel und Restaurant Seehaus
Schloss & Gut Liebenberg
Ortsteil Liebenberg
16775 Löwenberger Land
Telefon: 033094 / 70 05 00

Baden

Gegenüber des Reiterhofes Liebenberg an der B 167 weist ein blaues Parkschild den Weg auf eine hügelige Feldwiese, wo Autos nur wenige Meter vom Ufer entfernt abgestellt werden können. Mehrere Naturbadestellen, keine Bewirtschaftung.

TIPP Schloss & Gut Liebenberg: Jedem Besucher sei ein Abstecher empfohlen. Von hier aus ist über einen kurzen Spaziergang durch den Wald der Kleine Lanke See gut zu erreichen.

Grosse Lanke See

„Hierher geht es in der Sommerzeit, um in einem Borkenhäuschen den Tee zu nehmen und sich unter neckischem Spiel, als wär' es im Sommernachtstraum, über Wald und See hin zu verteilen, zu haschen und zu suchen. An dem Schilfgürtel entlang schiebt sich das Boot, unter den Uferbäumen ist es wie ein Flüstern und leises Lachen, und nun geht der Mond auf und gießt sein Licht über die stillbewegte Flut.“
(Theodor Fontane)

Zwischen Neulöwenberg und Liebenberg liegt der Große Lanke See in einer nicht sehr ausgedehnten, aber scharf gewellten Hügellandschaft. Hinter dichtem Mischwald versteckt, verströmt der Kesselsee einen diskreten Charme, dem auch die nahe Bundesstraße nichts anhaben kann.
Auf kommerziellen Strandbetrieb ist er nicht eingerichtet, Besuch aber jederzeit willkommen. Nischenartig verteilen sich sandige oder mit Gras bewachsene Strandplätze um die Ufer. Das klare Seewasser lädt sowohl zu einem erfrischenden Bad als auch – je nach Saison – zum (Eis-)Angeln ein. Weder bewirtschaftete Badestellen noch der Ansturm vieler Besucher beeinträchtigen die Ruhe des runden Gewässers, das seinen Reiz zu keiner Jahreszeit einbüßt. Kleinere Mischwaldböschungen, feuchte Niederungen und ein stellenweise seichtes Schilfufer bewahren den ursprünglichen Charakter dieses märkischen Kleinods.
Eine Seeumrundung – inklusive der tropfenförmig ins Wasser ragenden Halbinsel – dauert nicht länger als eine Stunde und kann trotz zweier Zaunbegrenzungen vollendet werden, da die Eigentümer des höher gelegenen herrschaftlichen „Seehauses“ freien Durchgang gewähren. Direkt am Ufer befindet sich der kleine Seepavillon, der dem Restaurant des Hotels angeschlossen ist. Das jagdsitzartige Anwesen gehört zu dem etwa eineinhalb Kilometer entfernten

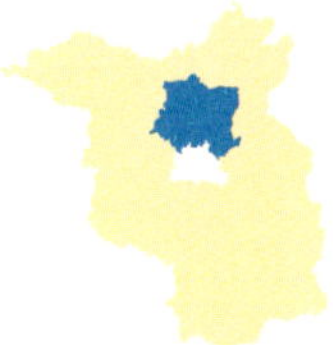

Liebenberger Schloss, welches Fontane in seinen „Wanderungen“ so liebevoll porträtierte. Als Gutsdorf erstmals urkundlich erwähnt, wurde „Liwenberg“ im Jahre 1269, die eigentliche Anlage von Schloss und Gut Liebenberg entstand aber erst im 15. Jahrhundert.

Nach mehrmaligem Umbau erhielt das Schloss 1743 seine bis heute erhaltene barocke Prägung. Der einstige Schlosspark wurde nach Plänen von Peter von Lenné in einen Landschaftspark umgestaltet. Das weitläufige Areal versammelt heute moderne Skulpturen und empfiehlt sich, vor oder nach einem Ausflug zum See, für einen Spaziergang.

Das „Lindenhaus“ beherbergt ein Restaurant und entstand Anfang des 18. Jahrhunderts als so genanntes Myrtenhaus . Im benachbarten Teehaus, 1875/76 im Barockstil errichtet, befindet sich ein kleines Museum.

Zu der sehenswerten Anlage gehören außerdem die Feldsteinkirche mit der Familiengruft der märkischen Adelsfamilie von Bredow sowie eine Kapelle. Auch Kaiser Wilhelm II. weilte des Öfteren mit seinen Jagdgesellschaften im Liebenberger Schloss, da die Wälder der Umgebung einst für ihren Wildreichtum bekannt waren.

Ob „Seehaus“ oder „Schloss“ – beide Anwesen sind Etablissements gehobenen Stils, die, mit Café- und Restaurant-Betrieb, jeden Besuch, ob Ausflügler oder Dauergast, freundlich empfangen und denen das Lob zufällt, den See und dessen naturbelassenen Charakter nicht zu vereinnahmen.

Jenen Besuchern, die es geheimnisvoll mögen, sei ein zehnminütiger Waldspaziergang vom Großen Lankesee zum benachbarten Kleinen Lankesee empfohlen, dessen Lage beinahe verschwiegen zu nennen ist.

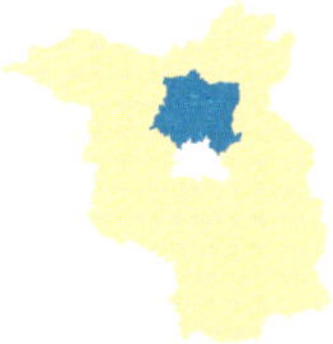

ANREISE

Auto Über die B96 Richtung Oranienburg bis Waldsiedlung fahren und rechts auf die L213 in Richtung Freienhagen einbiegen. Rund 12 km später auf die B167 nach Liebenwalde wechseln und nach Hammer fahren.

Bus + Bahn Mit der Regionalbahn nach Zehdenick (Mark) fahren und weiter mit dem Bus 843 nach Liebenwalde Hammer.

Bootssteg am Wutzsee

INFORMATIONEN

Gastronomie

Gaststätte **Zum Eisenhammer**
am Wutzsee
Eberswalder Straße 10
16559 Liebenwalde / OT Hammer
Telefon: 033054 / 546
Mi.–So. ab 11 Uhr geöffnet.

Restaurant und Café **Am Weißen See**
Lerchenweg 2
16244 Schorfheide
Telefon: 033393 / 372
Täglich von 11.30–21 Uhr.

Baden

Der Wutzsee wie auch der Kuhpanzsee sind derzeit an einen Fischer verpachtet. Die einzige Badestelle im Strandbad am Wutzsee ist dennoch frei zugänglich. Parkplätze im Ort.

Abgeschiedener liegen die wilden Badestellen am Weißen See. Bei der Siedlung **Böhmerheide** befindet sich auch ein bewirtschaftetes Bad mit Imbiss und Toiletten. Familienfreundlich.

TIPP Den ausgeschilderten Wanderweg ab der Dorfkirche von Hammer nutzen und den Liebenthaler Haustierpark mit dem Gehege der Przewalski-Pferde (Urwildpferd) besuchen.

WUTZSEE UND WEISSER SEE

Vom südöstlichen Ausgang der Schorfheide bei Groß Schönebeck bis nach Liebenwalde erstreckt sich eine Kette kleinerer Seen, die, durch natürliche Grenzen von den viel befahrenen Bundesstraßen B96 und B109 abgeschirmt, ihren ländlichen Charakter in einer von Wald und Feldern geprägten Umgebung bewahrt haben.

Ganz im Westen strebt der Wutzsee zunächst dem „Langen Trödel" zu, einer Nebenader des Oder-Havel-Kanals, um dann weiter nördlich bei Zehdenick in den Lauf der oberen Havel einzumünden. Es folgt der Kuhpanzsee, der sich an seinem östlichen Ende in bachbreiten Verbindungen zum Weißen See und zum Treptowsee gabelt.

Übrigens ist der „lange Trödel" ein Abschnitt einer der ältesten Wasserstraßen Deutschlands – des Finowkanals. Das künstliche Wasserbett wurde schon 1620 in einer Länge von 31,5 Kilometern angelegt. Mit der Entwicklung größerer Schiffe wurde der Bau eines breiteren Kanals nötig. So entstand zwischen 1906 und 1914 der Oder-Havel-Kanal als Großschifffahrtsweg zur Ostsee. Er zweigt in Hohensaaten vom Oderfluss ab und trifft in Berlin auf die Havel.

Zwischen Wutzsee und Kuhpanzsee schieben sich wie ein Keil Häuser und Kirche des Niederbarnimer Dorfes Hammer. Von hier aus weisen Schilder am Ortseingang zum Wutzsee oder – ab der Dorfmitte – den „Weg zur Badeanstalt" am Kuhpanzsee und erleichtern Ortsfremden die Entscheidung für das eine oder andere Gewässer.

Das Grün der gehegeartig umfriedeten Badestelle am Wutzsee wird einzig durch ein kleines Volleyballfeld und eine Feuerstelle unterbrochen, die bis zum schilfumrahmten Seeufer reicht. Vom familienfreundlichen Strand reicht ein Steg in das sichttrübe, aber saubere Wasser. Von hier schweift der Blick über die weite Wasserfläche und die zahlreichen Buchten des Ufers, hinter dessen Saum aus Schilf und Bäumen eine sanft gewellte Feldebene beginnt.

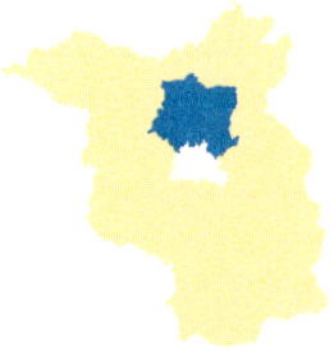

Hinter der Kirche von Hammer breitet sich dann der Wasserspiegel des gleichfalls von Baumgruppen und Feldern umgebenen Kuhpanzsees aus. Da hier keine offizielle Badestelle zu finden ist, wird der See von Anglern bevorzugt. Seine Ufer eignen sich jedoch für einen Spaziergang. Wieder im Dorf angelangt, empfiehlt sich die Gaststätte „Zum Eisenhammer“ mit deftiger und preiswerter Küche für eine Einkehr.

Drei Kilometer von Hammer entfernt, eingekesselt vom dichter werdenden Wald der Schorfheide, liegt das kleine Rund des Weißen Sees. Birken, Kiefern und Schilf bilden einen grünen Vorhang um das Wasser, der sich nur vor der offiziellen Badestelle der Wochenendsiedlung „Böhmerheide“ öffnet. Hier fällt der sonnige Wiesen- und Sandstrand seicht zum Ufer ab. Zu den wenigen Requisiten dieses familienfreundlichen Badplatzes gehören ein buntes Klettergerüst und ein hölzernes Toilettenhäuschen mit ausgesägtem Herzfenster. Eine kleine Gaststätte mit Biergarten oberhalb des Strandes bietet Imbissgerichte, an heißen Tagen aber auch schattige Plätze und einen freien Blick auf den See.

Für Freunde des FKK-Badens empfehlen sich die kleinen Naturnischen auf der gegenüberliegenden Seeseite. Der Vorzug dieser Badestellen liegt in ihrer Abgeschiedenheit und darin, dass sie trotz einfallender Südsonne schattige Plätze anzubieten haben. Über einen Wanderweg um das Ufer herum lassen sie sich bequem in wenigen Minuten zu Fuß erreichen.

Der Weg selbst wurde als Naturlehrpfad eingerichtet und bietet sich für weiterführende Spaziergänge oder Radtouren in die Schorfheide und zum Treptowsee an. Dort befinden sich allerdings keine Badestellen.

ANREISE

Auto A10/11 Richtung Prenzlau bis zur Abfahrt Lanke und dann Richtung Prenden – Klosterfelde. Auf die B109 Richtung Zerpenschleuse.

Bus + Bahn Mit der S-Bahn bis Berlin-Karow fahren und in die Niederbarnimer Eisenbahn (Heidekrautbahn) Richtung Groß Schönebeck umsteigen und in Lottschesee aussteigen.

Badestelle am kleinen Lottschesee

INFORMATIONEN

Gastronomie

Restaurant und Café
Haus Lottsche See
Zum kleinen Lottschesee 1
16348 Klosterfelde
Telefon: 033396 / 364
Täglich von 11–21 Uhr,
montags ist Ruhetag.

Baden

Direkt am Restaurant und Café **Haus Lottsche See** befindet sich die schöne Badestelle des kleinen Lottschesees.

TIPP

GROSSER UND KLEINER LOTTSCHESEE

Hinter Klosterfelde verlassen die parallel laufenden Stränge von Bundesstraße und Bahnschiene den Ort über eine Feld- und Wiesenlandschaft, um schon bald in das grüne Dunkel der Liebenwalder Heide einzutauchen. Während Autofahrer die nächste sich bietende Gelegenheit nutzen sollten, um rechter Hand einer zum Seeufer führenden Sandstraße zu folgen, kommt die Heidekrautbahn wenige hundert Meter weiter zum Stehen: Bahnhof Lottschesee heißt die Station, die angesichts ihrer aus Wochenendbungalows und einem kleinen Campingplatz bestehenden Umgebung etwas überdimensioniert erscheint.

Von hier aus schimmert in der laublosen Jahreszeit bereits die von Schilf umstandene Wasserfläche des größeren der Lottscheseen durch das Geäst der Bäume. In den Sommermonaten bleibt das himmelspiegelnde Antlitz des Wassers zunächst hinter dem üppigen Grün verborgen.

Doch auch wenn der Bahnhof einst für Touristenscharen geplant worden zu sein scheint, selbst an heißen Tagen wird man hier kein lautes Badegetümmel vorfinden. Stattdessen plätschern die Wellen der miteinander verbundenen Seen an ruhige und beinahe geschlossen von Schilf und Baumreihen umgebene Ufer.

Auch die kleine von Wald umstandene Wiese am westlichen Ufer des Kleinen Lottschesees wird nur auf Ausflugskarten als Badestelle ausgewiesen. Der Strandplatz, durch einen quer liegenden Baumstamm von den wenigen Parkmöglichkeiten getrennt, behauptet seinen provisorischen Charme neben einem gediegen angelegten (und ausgeschilderten) Ausflugslokal mit Fremdenzimmern.

Um die ovalen Wasserflächen beider Seen herum führt ein Spazierpfad durch die natürlich belassenen feuchten Niederungen des Ufergehölzes. Ein guter Ort für versonnene Gedanken.

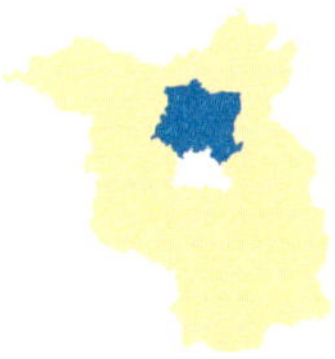

ANREISE

AUTO Über die A114 / A10 Richtung Prenzlau bis zur Ausfahrt Mühlenbeck fahren und auf die L21. Folgen Sie der Straße rund 2 km und biegen Sie rechts in die B167 ein.

BUS + BAHN Mit der Regionalbahn oder der S-Bahn bis Oranienburg fahren und weiter mit dem Bus 805 nach Liebenwalde.

GORINSEE

INFORMATIONEN

GASTRONOMIE

Gasthaus am Gorinsee
Am Gorinsee
16352 Schönwalde
Telefon: 033056 / 742 46
Täglich von 11 bis 22 Uhr geöffnet.

Gasthaus **Strand-Idyll**
Bernauer Str. 11
16352 Schönwalde
Telefon: 033056 / 417 63

BADESTELLEN

Öffentlich, aber nicht bewirtschaftet, Parken auf dem kostenfreien Parkplatz.

TIPP

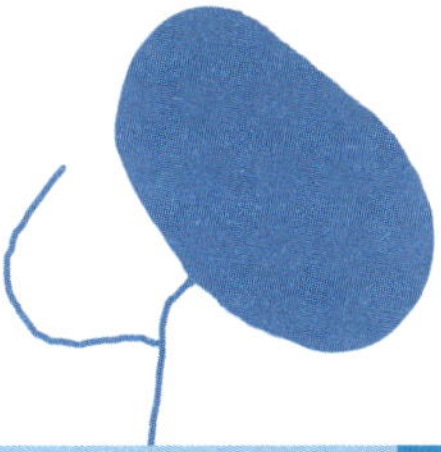

Gorinsee

Während die Großstadt Berlin ihr Straßenraster über ihre nördlichen Grenzen hinaus wie lange Netze nach Oranienburg und Bernau streckt, zeigt die Gegend zwischen diesen beiden Städten noch ihr ländliches Antlitz. Dem Bucher Forst folgen ehemalige Rieselfelder, die seit einigen Jahren zu Brachen renaturieren und Spaziergänger mit ihren wiedergewonnenen Reizen locken.
Am Übergang von der buschdurchsetzten Brachlandschaft zum Waldgebiet der Bernauer Heide breitet sich in einem überschaubaren Rund der Gorinsee aus. Seine Existenz verdankt das kleine Gewässer einem zurückgebliebenen Toteisblock der Eiszeit, seine Bekanntheit der Nähe zu Berlin und dem Hinweisschild in Schönwalde, denn der See ist in etwa 30 Autominuten erreicht.
Zwei öffentliche und im Sommer gut besuchte Badestellen verteilen sich um den ansonsten von Schilf geschützten See. Die erste ist sehr klein und liegt neben dem Garten der Gaststätte „Strand-Idyll". Von Bäumen beschattet und versteckt, lässt sich die Badewiese vom Auto aus nur bei langsamer Fahrt entdecken. Den eigentlichen Anziehungspunkt für Erholung suchende Städter bildet jedoch die große Badestelle am Ostufer, der ein großer Parkplatz vorgelagert ist. Hier entfalten Familien im Schatten der Birken ein picknick-vergnügtes Leben, nehmen Sonnenanbeter ein warmes Bad im Sand. In gemessenem Abstand zum Ufer befinden sich die Zelte und Wohnwagen des rückwärtig angelegten Campingplatzes. So herrscht an heißen Tagen geselliges bis turbulentes Treiben um das Badeufer des für Boote gesperrten Gorinsees. Die der Umgebung angemessene Stille entfaltet sich indessen erst, wenn sich der Parkplatz leert und die sinkende Abendsonne den Strand bescheint. Deren wärmende Strahlen lassen sich gleichermaßen während eines Abendbades oder im Garten der angrenzenden Gaststätte genießen. Und leicht überkommt einen das angenehme Gefühl, der Großstadt ohne eine zeitaufwändige Reise entflohen zu sein.

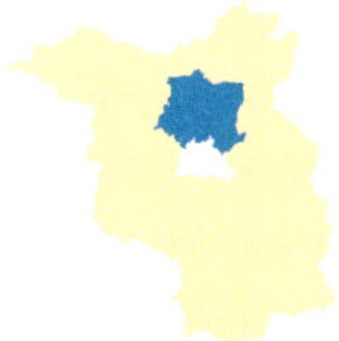

ANREISE

Auto Über die A10 Richtung Prenzlau bis zur Abfahrt Mühlenbeck fahren, dann auf die L21 Richtung Wensickendorf wechseln.

Bus + Bahn Mit der S-Bahn bis Berlin-Karow fahren und weiter mit der Niederbarnimer Eisenbahn nach Wensickendorf.
Oder mit der Regionalbahn bis Oranienburg fahren und weiter mit dem Bus 805 Richtung Liebenwalde bis Wensickendorf.

Rahmer See

INFORMATIONEN

Gastronomie

Restaurant und Café
Waldschänke am Rahmersee
Zühlsdorfer Chaussee 14
16348 Wandlitz
Telefon: 033397 / 611 05 oder 355-0
(Wensickendorf)

Tante Emma Eck mit Laden (Zühlsdorf)

Badestellen

Strandbad am Rahmer See
Wandlitz / OT Wandlitz,
Gastronomie, Bootsverleih,
Öffnungszeiten 9-20 Uhr

Rahmer See

Am nördlichen Ausgang der Oranienburger Heide liegt der Rahmer See, der unweit des bekannteren Wandlitzsees seinen ruhigen Charakter bewahrt hat. Seine lang gestreckten Uferflanken verlaufen in leichtem Schwung zwischen den Gemeinden Wensickendorf und Zühlsdorf. Um den See herum verteilt sich ein schmaler Waldsaum, durch dessen Stämme Feldfluren und locker verstreute Häuser hindurchschimmern.

Ein öffentliches Strandbad wird durch Beschilderung bereits in Zühlsdorf angekündigt, tatsächlich jedoch liegt es erst im folgenden Ortsteil Seefeld. Das kleine Anwesen erinnert an ein ehemaliges Fischergehöft und lockt mit seinem familiären Charme jene Besucher, die zwar die Ausstattung größerer Freibäder schätzen, aber auf eine allzu enge Badenachbarschaft zu anderen Menschen verzichten können. Eine Imbissgaststätte und Umkleidemöglichkeiten verteilen sich um die Badewiese, auf der Erlenbäume in loser Reihe oder kleinen Grüppchen Schatten spenden. Die Mittagssonne genießt man dagegen am besten auf einer der Bänke am Badesteg.

Auf der gegenüberliegenden Wensickendorfer Seeseite befindet sich eine wilde Badestelle, die, wenn auch auf Karten vermerkt, nicht durch Beschilderungen angekündigt wird. Dorthin führt der „Sandweg“ neben der Gaststätte „Rahmersee“. Er endet an einer freien Waldfläche, auf der Autos abgestellt werden können.

Die eigentliche Badestelle ist nach wenigen Metern zu Fuß erreichbar. Das schmale Ufer vor der baumfreien Sonnenwiese wird von einem Steg begleitet, der bis über die Schilfgrenze hinaus in den See ragt. Ein hoher Röhrichtsaum, dessen dichter Bewuchs nur von der Wiese unterbrochen wird, bewahrt die versteckte Lage dieses schmalen Strandplatzes.

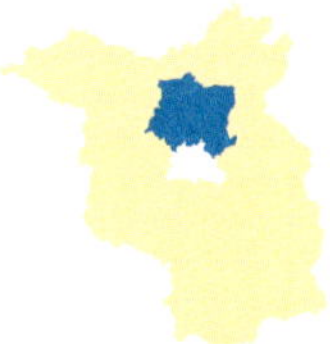

ANREISE

AUTO Entweder über die B109 nach Wandlitz fahren. Oder über die A10 Richtung Prenzlau fahren und an der Abfahrt Mühlenbeck auf die L21 nach Wensickendorf wechseln. Dort dann auf die B273 in Richtung Siedlung Rahmer See biegen. Und weiter nach Wandlitz fahren.

BUS + BAHN Mit der S-Bahn bis Berlin-Karow fahren und weiter mit der Niederbarnimer Eisenbahn bis Wandlitzsee.

WANDLITZSEE

INFORMATIONEN

GASTRONOMIE

Ristorante alla Fontana
Prenzlauer Chaussee 154a
16348 Wandlitz
Telefon: 033397 / 683 03
Täglich von 11 bis 23 Uhr geöffnet.

BADEN

Strandbad **Wandlitz**
Prenzlauer Chaussee 157
16348 Wandlitz
Täglich von 10–19 Uhr geöffnet.

TIPP Nach kurzer Wegstrecke zu Fuß oder mit dem Fahrrad sind die „Drei Heiligen Pfühle“ erreicht. Die kleinen Waldseen reihen sich wie eine Perlenschnur aneinander.

Wandlitzsee

Der Wandlitzsee. Von den frühen 1960er Jahren an bis zum Ende der DDR verband sich mit diesem Namen zuallererst eine Ansammlung gut bewachter im Wald versteckter Einfamilienhäuser, in denen führende Mitglieder des SED-Politbüros einen dem Alltag des Arbeiters fernen Luxus frönten. Tatsächlich liegt die abgeschiedene „Waldsiedlung“, in früheren Zeiten auch „Volvograd“ genannt, noch etwa drei Kilometer östlich des alten Ortskerns. Von unerwünschten Besuchern unbehelligt blieb man hier unter sich und wahrte auch zum See einen gewissen Abstand.

Es wäre jedoch ungerecht, den Ort allein auf diesen Abschnitt seiner Geschichte zu reduzieren. Denn die beginnt bereits um das Jahr 1242, als die Markgrafen Johann I. und Otto III. das damalige „Vandelice“ für 150 Silbermark an das Kloster Lehnin verkaufen. Seinen Ruf als Badeort erwarb sich Wandlitz dann zu Beginn des 20. Jahrhunderts. Mit der verkehrsmäßigen Erschließung der Region durch die „Heidekrautbahnlinie“ entwickelte sich der See zum beliebten Ausflugsziel Berliner Sommerfrischler. Die im Jahre 1901 am Ostufer gegründete Villensiedlung „Wandlitzsee“ wuchs rasch zu einem modernen Erholungsort mit Ausflugslokalen und Seepromenade. Im Jahre 1923 wurde das Stadtbad angelegt, dessen ursprünglicher Charakter trotz Kriegsschäden und moderner Ergänzungen bis heute bewahrt blieb. Zu diesem Ensemble gesellte sich ab 1927 ein im Bauhaus-Stil errichteter Bahnhof. Noch heute fahren hier die Kurzzüge der Heidekrautbahn ein, um in den Sommermonaten Trauben Erholung suchender Großstädter ins Blaue zu entlassen.

Der kürzeste Weg zum See und seinen Verheißungen unterhaltsamer wie kulinarischer Art dauert vom Bahnhofsausgang an etwa zwei Minuten zu Fuß und führt am großen Parkplatz vorbei durch die Pforte des Stadtbades. Besonders Familien schätzen diesen verkehrsgünstigen Ort, da sich hier die einzige öffentliche Möglich-

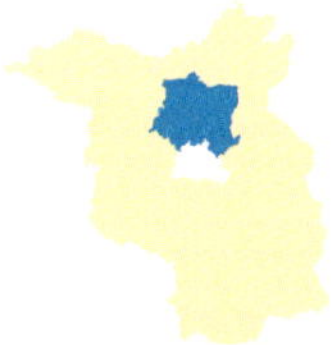

keit bietet, Badesteg und Liegewiesen, Imbiss, Spielflächen und Ruderbootverleih zu nutzen. Die Südsonne inklusive. Eine große Wiese geht in den Sandstreifen des Ufers über und fällt dann seicht in den See ab.
Für kühlere Tage empfiehlt sich der Ausblick auf den See vom benachbarten Restaurant aus, oder auch ein Spaziergang in Richtung Wandlitz Dorf. Die alte Siedlung liegt auf einer weit in den See vorgeschobenen Halbinsel und war einst von ausgedehnten Wäldern umgeben. Bis heute scheint sie – unbeeinflusst von den Veränderungen, die das übrige Ufer erfahren hat – ihren märkischen Dorfcharakter nicht aufgegeben zu haben. Freie Wiesen und Erlengründe mit wilden Badenischen gehören zur unmittelbaren Umgebung des Dorfes, das einst als jene oben bereits erwähnte slawische Siedlung „Vandelice“ gegründet wurde.
Am Westufer lösen sich vor waldartiger Kulisse Parzellen mit ästhetisch weniger befriedigenden Wochenend- und Dauerdomizilen ab. Eine schmale Landbrücke trennt den Wandlitzsee schließlich an seiner nördlichen Seite vom benachbarten Stolzenhagener See. Hier befinden sich auf Wandlitzer Seite eine Waldbadestelle und auf Stolzenhagener ein Freibad. Man kann also – je nach Sonnenstand – problemlos die Badegelegenheit wechseln. Oder aber von hier aus eines der beiden Gewässer umwandern. Der Wandlitzsee misst etwa drei Kilometer Länge und ist zwischen 600 Metern und einem Kilometer breit, sein Nachbar ist etwas kleiner.
Wer nach einem erfrischenden Bad oder an kühleren Tagen die Buchenwälder um Wandlitz herum erkunden möchte, sollte vom Bahnhof aus den Weg nach Osten über die Gleise nehmen. Nach kurzer Wegstrecke zu Fuß oder mit dem Fahrrad offenbaren sich die „Drei Heiligen Pfühle“. Diese kleinen Waldseen reihen sich wie eine blaue Perlenschnur inmitten des dichten Grüns aneinander, und nicht weit entfernt vom letzten Waldpfuhl schimmert dem Spaziergänger schon die Wasserfläche des Liepnitzsees entgegen.

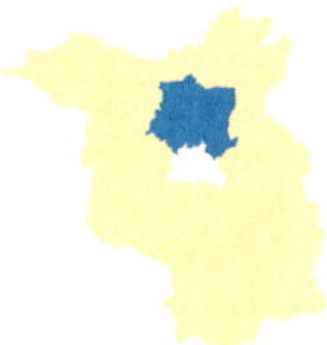

ANREISE

Auto A10/11 bis Abfahrt Wandlitzsee fahren und weiter auf der B273. Rund 6 Kilometer später, rechts nach Stolzenhagen abbiegen. Vor dem Ort geht es rechts zur Badestelle des Stolzenhagener Sees am Südufer. Öffentliche Parkplätze an der Straße oder am Friedhof.

Bus + Bahn S-Bahn bis Bernau und weiter mit Bus 894 Richtung Stolzenhagen oder S-Bahn bis Berlin-Karow und weiter mit der Niederbarnimer Eisenbahn bis Wandlitz und mit dem Fahrrad nach Stolzenhagen.

Stolzenhagener See

INFORMATIONEN

Gastronomie

Gaststätte **Fischerstube**
Basdorfer Str. 1a
16348 Stolzenhagen
Telefon: 033397 / 674 67
April – September täglich ab 11 Uhr, Oktober – März montags Ruhetag, Küchenschluss 21 Uhr.

Gasthaus und Café **Am Steinberg**
Basdorferstraße 41b
16348 Stolzenhagen
Telefon: 033397 / 221 28

Service

Strandbad **Stolzenhagener See**
Straße am See
16348 Wandlitz / OT Stolzenhagen
Telefon: 033397 / 215 16
Täglich von 10–20 Uhr geöffnet. Mit Kiosk, Bootsverleih und Parkplätzen.

Badestelle in Stolzenhagen, WC, Müllentsogung.

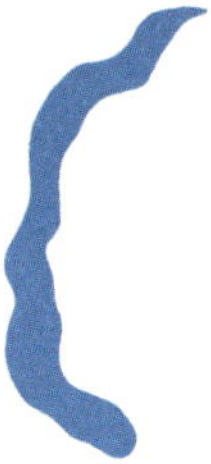

Stolzenhagener See

Es wird von einem Stolzenhagener Gastwirt berichtet, der einst aus dem Wasser des Sees ein Weißbier braute, das derart gut war, dass man bis heute vergeblich nach Vergleichbarem suchen würde. Der See selbst ist glücklicher Weise recht einfach zu finden. Wie ein gerader Stiel zieht sich sein langes schmales Wasserbett durch eine Feld- und Weidelandschaft hindurch.

An seiner nördlichen Spitze liegen Kirche und Anger Stolzenhagens. Obgleich in den 1920er Jahren um Villen und neuere Siedlungshäuser erweitert, strahlt der Dorfkern der 1000-Seelen-Gemeinde bis heute eine beschauliche Ruhe aus. Schon zu Beginn des vergangenen Jahrhunderts lockte die seen- und waldreiche Gegend zahlreiche Berliner. Die einen kamen nur für einen Ausflug, andere errichteten gleich ein ganzes Sommerhaus. Eine zweite „Bauwelle" erlebte der Ort in den 1970er und 1980er Jahren. Die Seeufer blieben davon jedoch unberührt, so dass man nach wie vor auf der Promenade an ihnen entlang flanieren kann.

Der 44 Hektar große See ist etwa zehn Meter tief, und es besteht keine Verbindung zum benachbarten Wandlitzsee. Am seinem Südzipfel, wo sich die Wasserflächen beider Seen beinahe zu berühren scheinen, trennt eine schmale bewaldete Landbrücke die Ufer. Hier liegt das schmucklos eingezäunte Wiesenareal des Strandbades, das Besuchern eine größere Anzahl an Sonnenplätzen, einen Kiesstrand und einen Bootsverleih bietet.

Eine zweite öffentliche Badestelle mit Bootsverleih und einigen schattigen Flecken unter den langstieligen Erlen am Rande der Sonnenwiese findet sich unmittelbar am südlichen Ortseingang. An Sommerwochenenden erfreut sich dieser Platz großer Beliebtheit - nicht zuletzt wegen der angeschlossenen Gaststätte, deren Speisekarte zwar kein mit Seewasser gebrautes Weißbier verzeichnet, dafür aber frisch gefangene Fische aus selbigem offeriert.

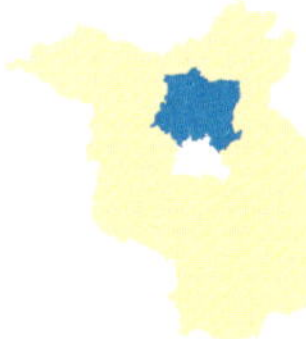

ANREISE

Auto Über die A10/11 Richtung Prenzlau fahren und an der Anschlussstelle Lanke auf die L31 Richtung Lanke wechseln. Durch Lanke hindurch nach Ützdorf fahren.

Bus + Bahn Mit dem Regionalexpress bis Bernau fahren und weiter mit dem Bus 903 nach Ützdorf, Wandlitz.

LIEPNITZSEE MIT DEM GROSSEN WERDER (LINKS)

INFORMATIONEN

Gastronomie

Restaurant **Insulaner-Klause**
Liepnitzseestr. 3
16359 Lanke-Ützdorf
Telefon: 0162 / 912 57 71

Jägerheim **Ützdorf**
Wandlitzer Str. 12
16359 Lanke-Ützdorf
Telefon: 033397 / 75 30

Baden

Waldbad **Liepnitzsee**
Am Liepnitzsee
Telefon: 033397 / 819 15
Gastronomie, Bootsverleih, Toiletten.

Um den gesamten See sind kleine Badestellen in versteckten Waldnischen verteilt, die gerade genügend Platz für eine Decke, einen Picknickkorb und deren Besitzer bieten.

TIPP

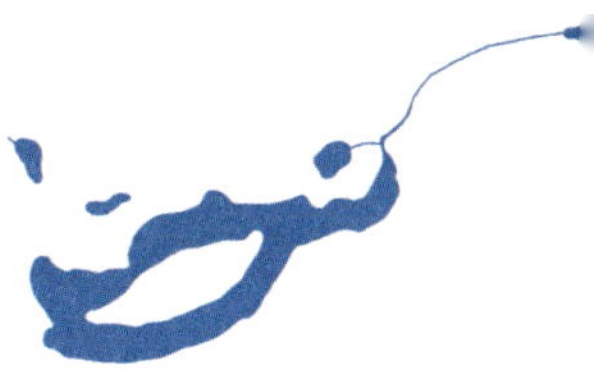

Liepnitzsee

Die Zeiten, als der See noch ein geheimer Ausflugstipp war, den man nur tuschelnd weitergab, liegen weit zurück. Heute ist das klare Gewässer eines der beliebtesten Ausflugs- und Badeziele nördlich von Berlin. Und dennoch: Obwohl er an Sommertagen von Radfahrern und Spaziergängern geradezu umschwirrt wird, verweigert der Liepnitzsee sich den Bedingungen des Massentourismus. Im Wechsel von steilen Hängen und flachwelligen Wäldern umschlossen, bleiben seine Ufer mangels größerer Sandstrände und Dauersonnenplätze vom Getümmel sonntäglichen Badetreibens verschont. Hinzu kommt, dass etliche Abschnitte des Sees unter Naturschutz stehen. Der einzige Sandstrand befindet sich auf der Südseite. Man erreicht ihn entweder über die Waldpfade, die von Wandlitz aus an den „Heiligen drei Pfühlen" vorbei führen, oder aus der Bernauer Richtung kommend. Auch auf der gegenüberliegenden Uferseite befindet sich eine kleine, im Grün versteckte Badeanstalt. Bei Ützdorf liegt in einigem Abstand zum Wasser ein Campingplatz.

Den Charakter dieses Badereviers prägen jedoch die um den gesamten See verteilten Waldnischen, die neben dem Zugang zum Wasser gerade genügend Platz für eine Decke, einen Picknickkorb und deren Besitzer bieten. Sie vermitteln Besuchern trotz enger Nachbarschaft zueinander das Gefühl, ungestört die Atmosphäre des Sees genießen zu können. Von überall her fällt dabei der Blick auf den vom Wasser umschlossenen „Großen Werder". Diese Insel, deren höchster Punkt der etwa 72 Meter hohe Kiesberg ist, wird heute von Dauercampern besiedelt, ist aber auch beliebtes Ziel von Schwimmern und Besuchern, die mit der kleinen Fähre kommen. Auch hier gibt es gute Chancen, selbst an heißen Sommertagen noch ein abgeschiedenes Plätzchen zu finden.

P.S. Der Liepnitzsee wahrt seinen Ruf als Geheimtipp für herbstliche Rundwanderungen unter bunten Buchendächern und sommerlichen Abendbädern.

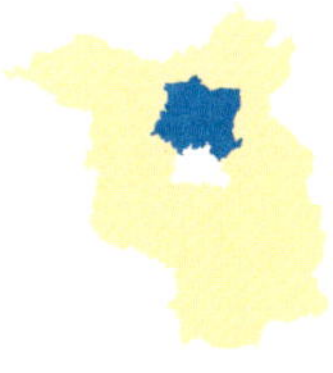

ANREISE

Auto Über die A10/11 in Richtung Prenzlau bis zur Abfahrt Lanke fahren. Weiter linker Hand nach Lanke. Autos am Ortsausgang Richtung Biesenthal oder in Lanke parken.

Bus + Bahn Mit der S-Bahn oder dem Regionalexpress bis Bernau fahren und weiter mit dem Bus 903 nach Lanke Dorf.

Fahrrad Mit der S-Bahn oder dem Regionalexpress bis Bernau fahren und weiter mit dem Fahrrad (rund 10km) nach Lanke Dorf.

Obersee bei Lanke

INFORMATIONEN

Gastronomie

Hotel **Seeschloss**
Am Obersee 6
16359 Lanke
Telefon: 03337 / 20 43

Landhotel **Am Obersee**
Am Obersee 3
16359 Lanke
Telefon: 03337 / 451 40

Service

Bootsverleih im Hotel Seeschloss.

Strandbad am Obersee mit Imbissgaststätte, Eintritt frei.

Obersee bei Lanke

Das Nordufer des Obersees war in DDR-Sommern ein bei Ostseereisenden als erfrischender Zwischenstopp äußerst beliebter Ort. Heute verhindern zwar die Leitplanken der Autobahn die schnelle Zufahrt, den Besucherzahlen scheint dies jedoch keinen Abbruch getan zu haben. Denn trotz eines dauerhaften Geräuschpegels verteilen sich im Sommer zahlreiche Badegäste überall dort um die Seeufer, wo sich handtuchbreit zwischen Bäumen genügend Platz bietet.

Die beliebtesten Ufernischen liegen an der von der Sonne beschienenen Nordseite hinter der öffentlichen Badestelle. Hier herrscht zudem die meiste Ruhe, da es keine direkte Zufahrt für PKW gibt. Auch Angler schätzen den See und seinen Fischreichtum, müssen sich jedoch in der warmen Jahreszeit die Wasserfläche mit dem Badevolk teilen.

Die beiden Hotelgaststätten am östlichen Seeufer und die kleine öffentliche Badestelle sind im Stile althergebrachter Ausflugsziele angelegt und scheinen ihren Ursprung in der Zeit vor 100 Jahren zu haben, als die Großstädter die Umgebung Lankes und den See für ihre Erholung entdeckten. Eine Zeit übrigens, zu welcher der See selbst noch recht jung war: Denn wie die Chronik vermerkt, wurde der Obersee erst Ende des 19. Jahrhunderts auf Betreiben einer Brauerei künstlich angestaut.

Heute lässt der klare, bis zu neun Meter tiefe See nicht vermuten, dass einst statt seiner nur ein breiteres Fließ durch die waldige Landschaft vom Liepnitzsee zum Hellsee plätscherte. Vielmehr steigert seine Lage in unmittelbarer Nähe des Dorfes Lanke den Reiz der Landschaft. In Lanke selbst steht übrigens ein wunderschönes Schloss, eines der letzten in der Mark Brandenburg, deren französischer Renaissancestil noch erhalten ist.

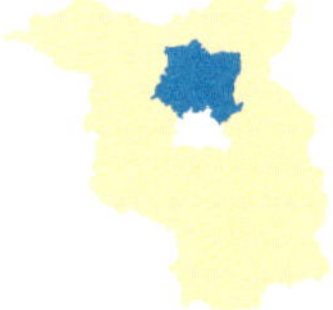

ANREISE

Auto Über die A10/11 in Richtung Prenzlau bis zur Abfahrt Lanke fahren. Weiter linker Hand nach Lanke. Autos am Ortsausgang Richtung Biesenthal oder in Lanke parken (hinter der alten Brennerei).

Bus + Bahn Mit der S-Bahn oder dem Regionalexpress bis Bernau fahren und weiter mit dem Bus 903 nach Lanke Dorf.

Blick über den Hellsee zur alten Mühle

INFORMATIONEN

Gastronomie

Restaurant und Pension **Bellevue**
Dorfstraße 17
16359 Lanke bei Bernau
Telefon: 03337 / 45 09 34
Ungarische Spezialitäten
Brot, Wein & Cocktails.

Wiener Café
Platz der Freundschaft 1
16359 Lanke bei Bernau
Telefon: 033397 / 640

TIPP Der Hellsee war einst Teil des Lanker Schlossparks und lädt mit seinen wunderschönen alten Schatten spendenden Bäumen zum entspannten Umwandern ein.

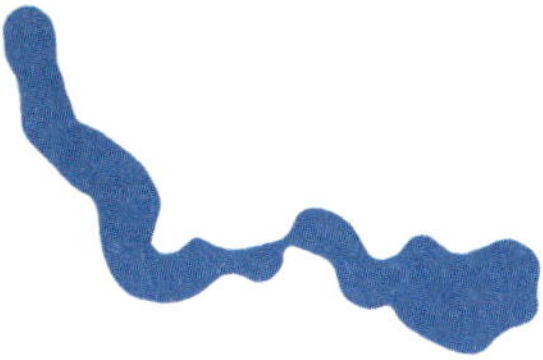

HELLSEE

Wie ein großer Stern streben vier Straßen auf die Lanker Kirche zu, doch statt sich in der Mitte des Ortes zu kreuzen, berühren sie einander dann doch nur flüchtig. Nicht weit entfernt verbirgt sich hinter bröckelndem Gemäuer das mühsam seinem Verfall standhaltende Schloss Lanke. Vom Grün alter Bäume umwuchert wartet das um 1858 von Eduard von Knoblauch im Stil der französischen Renaissance gestaltete Bauwerk auf bessere Tage. Unter den Grafen von Redern war Lanke das größte Gut der Region, und sein von Peter Lenné gestalteter Park verband wie kein zweiter Architektur, Wasser und Landschaft.

Dazu gehörte auch der Hellsee unweit des Dorfes, der sich dank naher Konkurrenz, vor allem des weitaus beliebteren Liepnitzsees, bis heute der Aufmerksamkeit größerer Menschenmassen zu entziehen vermochte. Von Schilf und alten Buchen begleitet, versteckt sich sein schmaler Schwung in einem langen Talkessel, dem so genannten „Höllengrund“, den vor tausenden von Jahren die Schmelzwässer der ausgehenden Eiszeit in die Landschaft gruben. Ein schmaler Sandweg führt vom Ortsausgang links an Wiesen und feuchten Niederungen vorbei durch den ehemaligen Landschaftsgarten. Nach wenigen hundert Metern gelangt man so zum See, der einst den Mittelpunkt der Parkanlage bildete. Waldige Steilhänge und feuchte Gründe boten damals den herrschaftlich gehaltenen Hirschen ein naturnahes Gehege.

Geblieben ist von all dem ein Wanderweg, der sich über weite Strecken kaum einen Meter von den Ufern des Sees entfernt. Einmal führt er an einem kreisförmigen Teich vorbei – hier befand sich zu Zeiten Lennés ein Bassin, aus dem fröhlich eine Fontäne sprudelte. Am östlichen Uferzipfel läuft das Hellmühlenfließ in den See ein, dessen Strömung noch immer die Wasserräder der schon 1347 erwähnten Hellmühle antreibt.

All jene, die die Sehnsucht nach windstillen Stunden und unbewegtem Wasser aus der Stadt heraus treibt, finden am Hellsee den idealen Ort dafür.

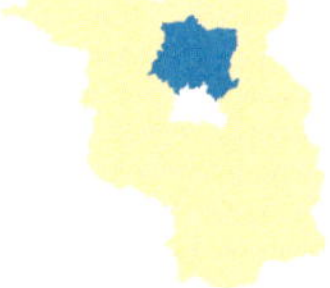

ANREISE

Auto Über die A10/11 Richtung Prenzlau bis zur Anschlussstelle Lanke fahren und auf die L31 Richtung Lanke / Biesenthal / Prenden wechseln. Einige Parkmöglichkeiten für Badebesucher befinden sich beim örtlichen Fischereibetrieb.

Bus + Bahn Mit dem Regionalexpress oder der S-Bahn bis Bernau fahren und weiter mit dem Bus 903 nach Prenden Dorf.

Strehlesee und Bauersee

INFORMATIONEN

Gaststätte

Jagdhotel **Am Strehlesee**
Dorfstr. 48
16348 Prenden
Telefon: 033396 / 878 30
Täglich außer Montag ab 12 Uhr.

Service

Angeln:
Beim Prendener Fischereibetrieb können Sie Angelkarten erwerben.
Dorfstraße 12
16348 Prenden
Telefon: 033369 / 828

TIPP Die Kirche in Prenden, ein Mischbau aus Feldsteinen und Fachwerk, birgt einen sehenswerten Altar aus dem Jahre 1611. Auch die SED-Bunkeranlagen sind begehbar.

Strehlesee und Bauersee

Knapp zwei Kilometer vom rauschenden Verkehr der Berlin-Prenzlauer Autobahn entfernt, liegen inmitten der Prendener Bauernheide der Strehlesee und der Bauersee. Beide haben sich ihren stillen Charakter bewahrt. Diese Lage wussten wohl auch DDR-Strategen zu schätzen, die für den Kriegsfall in der nahen Umgebung eine unterirdische Kommandozentrale der Partei- und Staatsführung einrichten ließen.
Von der Landstraße aus sieht man kurz vor der Ortseinfahrt nach Prenden zur Linken bereits das Wasser des Strehlesees durch einen dichten Waldsaum schimmern. Im Frühjahr breitet sich auf seiner Fläche ein Seerosenteppich aus, der dem weichen und trüben Wasser sowohl Sauberkeit als Fischreichtum bescheinigt.
Von Badelustigen und Anglern gleichermaßen geschätzt, ist die leicht abschüssige Waldbadestelle in der Mitte des Ostufers an warmen Sommertagen gut besucht. Angelkarten gibt es beim Prendener Fischer zu kaufen, für Motorboote ist der See allerdings gesperrt.
Nicht weit entfernt liegt der „Prendener Teufelsstein“, ein etwa 600 Zentner schweres Souvenir der Eiszeit. Vielleicht war es aber auch der Teufel persönlich, der den dicken Gneisstein hierher brachte, um ihn nach den Glocken der Prendener Kirche zu werfen. Ihr Geläut war nämlich das schönste weit und breit und verursachte dem Satan heftige Ohrenschmerzen. Zum Glück verfehlte er jedoch sein Ziel, so dass auch die hübsche Dorfkirche mit ihrem Renaissancealtar weiterhin zu besichtigen ist.
Vor dem Ortsausgang Richtung Ruhlsdorf führt rechter Hand ein Sandweg zum Ufer des Bauersees. Seine als „Goldener Strand“ bezeichnete Wiesenbadestelle findet man am besten zu Fuß. Die fremd anmutenden Gebäude am Wegesrand sind Überreste eines ehemaligen DDR-Fleischkombinats. Heute liegt der verfallende Industriekomplex brach, wovon die Reinheit des Wassers und die natürliche Waldumgebung des Sees profitieren.

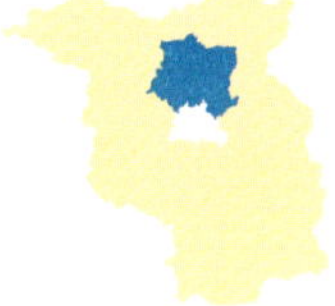

ANREISE

AUTO Über die A10/11 Richtung Prenzlau bis zur Ausfahrt Lanke fahren, auf die L31 Richtung Prenden und später auf die L294 nach Sophienstädt wechseln.

BUS + BAHN Mit dem Regionalexpress oder der S-Bahn bis Bernau fahren und weiter mit dem Bus 903 nach Sophienstädt.

EINE PERLE DER PRENDENER SEENKETTE: DER EISERBUDER SEE

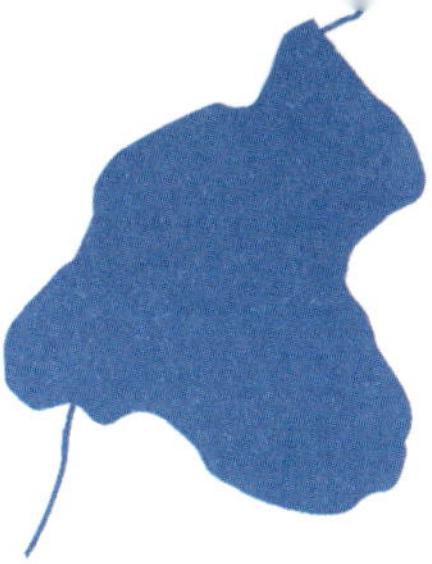

Eiserbuder See

Kreisrund und dunkelgrün liegt der Eiserbuder See inmitten der Biesenthaler Oberheide, die sich mit ihrem dichten Nadelgrün bis Sophienstädt erstreckt. Kein Dorf, ja nicht einmal Wochenendhäuser oder Ausflugslokale finden sich an seinen Ufern. Allein die Revierförsterei Eiserbude hat hier seit Zeiten ihren Standort.

Etwas weiter im Wald versteckt gibt es außerdem noch einen Campingplatz, der aber glücklicher Weise bis heute auf Wohnmobilparzellen und von Antennen gespickte Reihenzeltsiedlungen verzichtet. Die einzige Badestelle des Eiserbuder Sees befindet sich auf dem Gelände des örtlichen Zeltplatzes, ist jedoch frei zugänglich.

Das Wasser, das für Motorboote gesperrt ist, weist trotz seiner durch den Sanderboden bedingten Trübung eine gute Badequalität auf. Um die Ufer reihen sich Kiefern in lichter Folge, unter denen stellenweise ein weicher Waldwiesenteppich gewachsen ist. Die Wasserfläche selbst wird von einem dichten Röhrichtgürtel gesäumt, der sich nur an der Badestelle öffnet.

Am besten lässt sich diese letzte Wasserperle der bei Prenden beginnenden Seenkette erreichen, indem das mitgeführte Auto in Sophienstädt parkend zum Stehen kommt und man den etwa einen Kilometer langen Eiserbuder Weg zu Fuß zurücklegt. Da sich die Erfrischungsangebote an Ort und Stelle allein aufs Seewasser beschränken, empfiehlt es sich, einen gut gefüllten Proviantkorb mitzunehmen.

Wer es nicht beim Baden belassen möchte, kann auf dem parallel zum Ufer verlaufenden Wanderweg die nähere Umgebung erkunden. Über einen schönen „Umweg“ gelangt man so auch in die kleine Landgemeinde Sophienstädt zurück. Hier lohnt eine kurzer Besuch der von dem Architekten Georg Büttner (1858-1914) im neuromanischen Stil entworfene Backsteinkirche, die 1914 geweiht wurde.

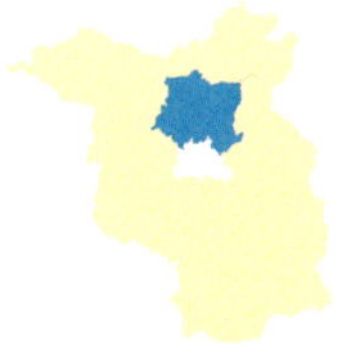

ANREISE

Auto Über die A10/11 Richtung Prenzlau bis zur Ausfahrt Lanke fahren, auf die L31 Richtung Prenden wechseln.
Folgen Sie der Straße bis Ruhlsdorf.

Bus + Bahn Mit dem Regionalexpress oder der S-Bahn bis Bernau fahren und weiter mit dem Bus 903 nach Ruhlsdorf.

Bernsteinsee

INFORMATIONEN

Gastronomie

Gaststätte **Eilhardt**
Dorfstraße 24
16348 Ruhlsdorf
Telefon: 03339 / 409
Sonntags von 11-14 Uhr geöffnet,
Mittwoch bis Samstag ab 16.30 Uhr.

Service

Parken und Baden am Bernsteinsee:
Der Bereich des Badesees an der Straße nach Sophienstädt ist eingezäunt. Hier werden Eintritts- und Parkgebühren erhoben.

Bernsteinsee

Aus der Prendener Richtung kommend, biegt die Straße abrupt nach rechts zur Ruhlsdorfer Kirche ab. Hier beginnt – Ortsunkundige werden es kaum ahnen – das „Land der wachsenden Seen“.

Auf den kiefernbestandenen Sanderflächen zwischen dem Wandlitzer Seengebiet und der schnurgeraden Wasserader des Finowkanals gelegen, gab Ruhlsdorf in der Mitte des letzten Jahrhunderts sein ruhiges von Feldfruchternte und Forstwirtschaft bestimmtes Dasein preis, um bauwütigen Großstadtplanern seine reichen Kiesvorkommen zur Verfügung zu stellen.

Die Kiefernwälder, die vormals noch Pilzsuchern volle Körbe garantierten, wurden gerodet, und bald durchschürften Schaufelradbagger die sandige Erde. Zurück blieben beckenartige Gruben, die sich binnen weniger Jahre mit Grundwasser füllten. Manchmal braucht es eben keine Eiszeit, um die Landschaft seenreich zu machen.

Das Wasser des größten von ihnen, des Bernsteinsees, schlägt nur wenige hundert Meter hinter den Häusern des Dorfangers an sein sandiges, von vereinzelten Kieferngruppen bestandenes Ufer. Noch bis in die 70er Jahre des letzten Jahrhunderts hinein schaufelten sich hier die Bagger zwischen vier und zwölf Meter in die Tiefe. Als dann aus der Grube ein Gewässer geworden war, veranstalteten die Ruhlsdorfer einen Wettbewerb zur Namensgebung für ihren See.

Die Geschichte, dass ihm Bernsteinfunde seine Bezeichnung gaben, ist zwar eine Mär, lockt aber bis heute vergeblich schaufelnde Glückssucher in seine Nähe. Tatsächlich ist es der feine als Rückstand der Kiesgewinnung zurückgebliebene Spülsand, der die Vergleiche mit den bernsteinreichen Ufern der Ostsee anregte. Wie ein ausgerollter weißer Teppich ergießt er sich vor der von Kiefern gesäumten Hauptbadestelle. Und so sehr ähnelt der Ort seinem maritimen Vorbild, dass er in den vergangenen Jahren mehr als einmal von Filmteams zum Drehort für „Ostsee-Szenen“ auserkoren wurde.

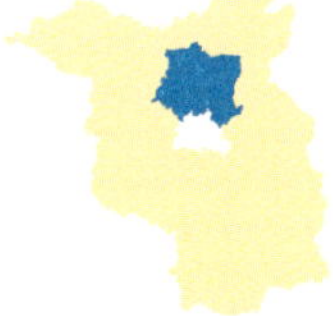

Auch bei Berliner Sommerfrischlern ist diese öffentliche Badestelle an warmen Tagen äußerst beliebt. Darüber hinaus verteilen sich um das saubere Wasser jedoch zahlreiche wilde Badestellen, die sich, auch wenn es keine befestigten Wege gibt, von allen Seiten her gut erreichen lassen. Ein etwas größerer, frei zugänglicher Sandstrand liegt dem Strandbad gegenüber. Wer dort länger verweilen möchte, sollte allerdings einen Sonnenschirm im Gepäck haben, da es hier keinen Schatten gibt. Hinter dem dünenartig ansteigenden Sandwall schließt sich ein Feuchtbiotop an, das sich während eines Spaziergangs gut erkunden lässt.

An der flacheren Nordseite des Sees mischen sich Sanddornsträucher unter den Bewuchs windschiefer Kiefern. Neben dem Friedhof von Ruhlsdorf führt ein schmaler Waldweg zu einer kleinen Badestelle, an deren Ende ein fortgesetzter Höhenweg zum größeren Sandwallstrand führt.

Bekleidungsfreie Sonnenplätze sind nicht ausgeschrieben, werden aber an den ruhigen Uferzonen rechts vom abgezäunten Badeareal geduldet. Im Herbst und Winter bieten Scharen von Wildgänsen das außergewöhnliche Schauspiel kreisender Gemeinschaftsflüge über den Dächern des Dorfes und dem Gewässer. Denn seit einigen Jahren beenden die einstigen Herbstboten ihre Reise nach Süden bereits am Bernsteinsee. Und vielleicht werden schon bald mehr Vögel hier überwintern, wenn die letzten Bagger aus der benachbarten „Wittmannschen Grube“ abgezogen sind und Ruhlsdorf um einen weiteren See bereichert wird.

ANREISE

Auto Über die A10/11 Richtung Prenzlau bis zur Ausfahrt Lanke fahren, auf die L31 Richtung Prenden wechseln.
Folgen Sie der Straße bis Ruhlsdorf.

Bus + Bahn Mit dem Regionalexpress oder der S-Bahn bis Bernau fahren und weiter mit dem Bus 903 nach Ruhlsdorf.

Die Kirche von Ruhlsdorf

INFORMATIONEN

Service

Imbiss im Familiencamping **Ruhlesee**
Biesenthaler Chaussee 24
16348 Marienwerder/OT Ruhlsdorf
Telefon: 03337 / 45 16 35
Der umzäunte Campingplatz ist durchgehend von 6–22 Uhr für Autos und rund um die Uhr für Fußgänger geöffnet.

TIPP Seit 1999 gibt es am Ruhlesee einen Wasserskilift. Von April bis Oktober können sich Seebesucher seither dem Vergnügen hingeben, die Seeoberfläche auf Brettern zu überfahren.

Ruhlesee und Blauer See

Auch der Ruhlesee ist eigentlich eine Kiesgrube gewesen. Linker Hand am Dorfausgang von Ruhlsdorf füllt er zwei bis zu sieben Meter tiefe Becken, die durch eine schmale bewaldete Landzunge fast vollständig voneinander getrennt sind. Ihr klares Wasser erlaubt Sichttiefen bis zu drei Metern. Noch bis in die 1950er Jahre hinein wurde hier gebaggert, dann begann nach dem Einlaufen des Wassers und der anschließenden Renaturierungsphase die Umwidmung des neu entstandenen Sees in ein Ferien- und Freizeitparadies. Seit 1990 gibt es hier, entstanden aus einer in den 1970er Jahren angelegten Bungalowsiedlung, das Jugendferiendorf „Dorado", dessen Anlage jedoch auch Tagesbesuchern offensteht. Der etwa 250 Meter lange Sandstrand trennt die Wasserfläche von dem zurückgesetzten Kiefernwald. Am südlichen Ufer verteilt sich der helle Sand über eine Länge von etwa 500 Metern.
1999 kam eine weitere Attraktion hinzu: der Wasserskilift. Über eine Strecke von 920 Metern zieht die uferbegleitende Zugbahn die um Balance bemühte menschliche Fracht. An den weiter entfernten Uferabschnitten bleibt der Ruhlesee zwar von den Geräuschen dieses Freizeit-Eldorados verschont, auf zahlreiche Badegäste sollte man bei schönem Wetter jedoch eingerichtet sein.
Auf dem Weg nach Eiserbude liegt in einem dichten Mischwald das kleinste der Kiesgrubengewässer – der Blaue See. Er ist von der Straße aus schwer auszumachen, da die Bäume nur an einer Stelle von seinen Ufern zurückweichen. An dieser Lichtung befindet sich die kleine Badestelle des Sees.
Auch diese Grube aus den 1930er Jahren diente – wie die anderen der Kiesseen – ursprünglich der Baustoffgewinnung. Eine Feldbahnlinie transportierte die sandige Baumasse zum nahen Finowkanal, von dort aus ging es auf Lastkähnen in Richtung Spree und Hauptstadt. Heute befindet sich der Blaue See in Privatbesitz, ist jedoch öffentlich zugänglich.

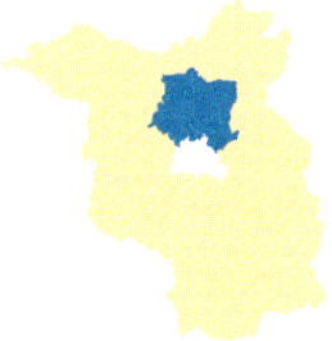

ANREISE

AUTO Über die A114 in Richtung Hamburg/Prenzlau bis Ausfahrt Schönerlinder Straße fahren und auf die B109 in Richtung Wandlitz. Der Große Döllnsee befindet sich rechts, linkerhand von der B109 wurde ein kleiner unbewachter Waldparkplatz eingerichtet.

BUS + BAHN Mit der Regionalbahn Richtung Templin, Bahnhof Stadt fahren und weiter mit dem Bus 842 Richtung Groß Dölln.
Bus fährt nicht täglich.

AM BADEHAUS DES HOTELS DÖLLNSEE-SCHORFHEIDE

INFORMATIONEN

GASTRONOMIE

Restaurant **Cottage**
im Restaurant des Hotels
Döllnsee-Schorfheide
Döllnkrug 2
17268 Templin / OT Groß Dölln
Telefon: 039882 / 630
Täglich von 12–22 Uhr geöffnet,
Parkmöglichkeiten auf dem
Hotelgelände.

BADEN

Es gibt keine öffentlichen Badestellen, jedoch hin und wieder die Gelegenheit, ein erfrischendes Bad zu nehmen.

TIPP Das Hotel Döllnsee eignet sich sehr gut als Ausgangspunkt und Ziel einer Wanderung oder Radtour um die etwa zwei Kilometer große Wasserfläche des Großen Döllnsees.

Grosser Döllnsee

Nachdem sie die Berliner Vorortgemeinden und die Niederungen des Oder-Havel-Kanals hinter sich gelassen hat, taucht die B 109 ab Groß Schönebeck in den dichten Wald der Schorfheide ein. Aus der Vogelperspektive – oder mit Blick auf eine detailreiche Landkarte – lassen sich jedoch anhand blauer Tupfer im flächenhaften Grün des Waldgebietes zahlreiche Seen entdecken. Wie Perlen liegen sie – mal paarweise, mal einzeln versteckt – in den Wäldern. Abseits von Straßen und größeren Wegen lassen sich diese unter Naturschutz stehenden Gewässer der Schorfheide meist nur wandernd erreichen. Eine Ausnahme bildet der Große Döllnsee, der mit seinem westlichsten Wasserzipfel nahe der Landstraße durch das Dickicht der Bäume schimmert. Anstatt also den fünf Kilometer entfernten Ort Groß Dölln anzusteuern, biegt man rechts in einen Fichtentunnel ein, fährt zum Vorplatz des Hotels „Döllnsee-Schorfheide“ – und landet mitten in der Geschichte. Denn die heutige Wellness-Herberge hat eine bewegte Vergangenheit.

1934 im Tudorstil errichtet, war das Herrenhaus eine Gabe Hermann Görings an seinen „Leibjäger“ Willi Schade. In unmittelbarer Nähe hatte Hitlers Reichsmarschall selbst sein Schloss Carinhall, von dem heute nur noch die Grundmauern stehen – und das Badehaus. Dieses wurde in den 1970er Jahren auf Wunsch Walter Ulbrichts, der hier seinen Lebensabend verbrachte, in den Garten des Hotels versetzt. Nach ihm schätzten auch hochrangige Staatsgäste der DDR, Leonid Breschnew etwa, diesen Aufenthaltsort und seine wildreichen Wälder.

Größere Badestellen gibt es nicht; das macht den Reiz dieses Sees aus, der seinen natürlichen Zauber während aller Jahreszeiten bewahrt. Ein Sandweg führt durch dichten Mischwald, und Schilflücken sowie vereinzelte Angelstege ermöglichen hin und wieder ein naturnahes Badevergnügen im klaren Wasser. Man sollte allerdings nichts gegen weichen und schlammigen Seegrund haben.

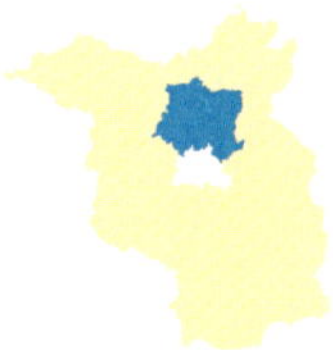

ANREISE

Auto Über die A11 Richtung Stettin/Prenzlau fahren, bis zur Abfahrt Werbellin. Dann weiter in Richtung Altenhof, ab hier ist es ausgeschildert.

Bus + Bahn Mit dem Regionalexpress und der Ostdeutschen Eisenbahn bis Joachimsthal, Kaiserbahnhof fahren und von dort weiter mit dem Bus bis Altenhof EJB Werbellinsee, Joachimsthal.

WERBELLINSEE

INFORMATIONEN

Gastronomie

Restaurant **Alte Fischerei**
Am See 3, 16244 Altenhof
Telefon: 033363 / 31 41
Öffnungszeiten täglich ab 11.30 Uhr.

Restaurant **Seeblick** am Werbellinsee
Am See 1, 16244 Altenhof
Telefon: 033363 / 22 34

Waldcafé **Am Werbellinsee**
Unter den Buchen 3, 16244 Altenhof
Telefon: 033363 / 32 09,
Mo. 14–18 Uhr; Di. – So. 14–22 Uhr

Restaurant **Von Hövel**,
Hubertusstock 1, 16247 Joachimsthal
Telefon: 033363 / 505

Hotel und Restaurant **Kaiserhof**
Altenhofer Dorfstr. 41, 16244 Altenhof
Telelefon: 033363 / 40 20

Camping

Campingplatz **Am Spring**
16247 Joachimsthal
Telefon: 033363 / 42 32

Campingplatz **Süßer Winkel**
16244 Eichhorst
Telefon: 033767 / 817 44

Service

Schorfheide-Tour
um den Werbellinsee
Telefon: 03334 / 205 50

TIPP Schorfheide-Tour um den Werbellinsee mit Kremserfahrt durch die Schorfheide, Mittagessen im Hotel „Kaiserhof“ in Altenhof und Dampferfahrt auf dem Werbellinsee.

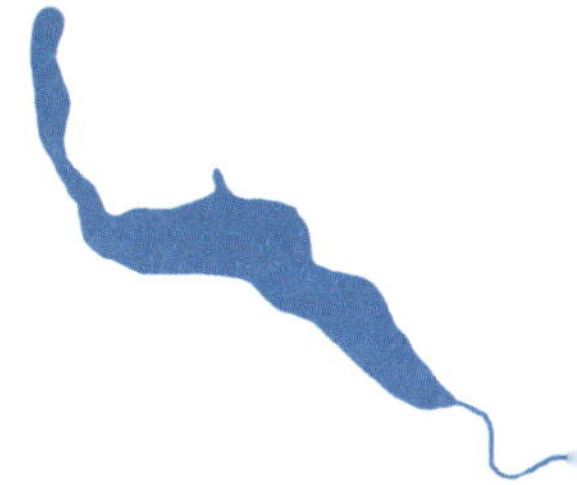

WERBELLINSEE

„Und wenn jetzt ein goldenes Schiff den See herunterkäme ... wir ließen es vorübergleiten ...“ (Theodor Fontane)

Nach einem langen Erkundungstag saß Fontane in Gedanken versunken am Ufer des Werbellinsees. Er sann den märchenhaften Geschichten nach, die ihm über den See erzählt wurden, zeigte sich aber auch von so irdischen Dingen wie dem Artenreichtum der Vögel und Fische beeindruckt. Etwa 150 Jahre ist das her, eine Zeit, als um den See und in der waldreichen Umgebung ausschließlich Bauern, Fischer und ruhesuchende Tiere lebten. Von Tourismus war damals noch keine Rede. Einzig politisch oder finanziell Privilegierte, von den askanischen Fürsten über die Könige Hohenzollerns – und später auch die Staatsführer deutscher Diktaturen – statteten von Alters her der wildreichen Schorfheide ihren Besuch ab und ließen in der waldigen Umgebung des Sees herrschaftliche Landhäuser errichten.
Mit Beginn der Industrialisierung lagerten dann auch ziegel- und holzbeladene Kähne an seinen Ufern, bevor sie ihren Weg durch den künstlichen Werbellinkanal zum Oder-Havel-Kanal nahmen. Bereits seit 1766 existierte eine Verbindung zum Finowkanal. An der nordöstlichen Spitze des Sees überdauern neben einer modernen Marina bis heute die Überreste einer Ziegelei und eines Sägewerkes die Vergangenheit. Am südwestlichen Seeabschnitt, beim so genannten „Süßen Winkel“, bezeugen Mergellöcher einstige Tongrabungen, die – heute wassergefüllt – zu bevorzugten Anglerrevieren wurden.
Ende des 19. Jahrhunderts schließlich entdeckte die Eberswalder Bevölkerung den Werbellin für ihre Erholung, und bald setzte auch der Strom der Berliner Sommerausflügler ein, der in der warmen Jahreszeit bis heute anhält. Ausflugsdampfer, Segel- und Motorboote durchfurchen an sonnigen Tagen die viertgrößte Seefläche Brandenburgs, die einst eiszeitliche Gletscher ausschürften. Später

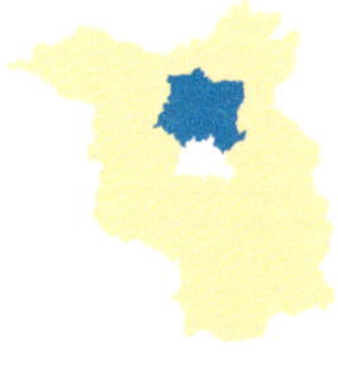

abfließende Schmelzwasser füllten die gewaltige Rinne, die bis heute neben unterirdischen Quellen vom künstlichen Wasserzulauf des benachbarten Grimnitzsees gespeist wird. Von den Mörderbergen bei Joachimsthal bis zu den Mergellöchern bei Eichhorst reicht der über zehn Kilometer lange und etwa 55 Meter tiefe Wasserarm des Werbellin. An seinen Steilhangufern wird der klare See von dichtem Mischwald begleitet, nur unterbrochen von den ufernahen Häusern der Ortschaften Joachimsthal, Altenhof, Eichhorst und Eichhorst-Wildau.
Die Dörfer Joachimsthal an der Nordseite und Altenhof in der Mitte des Ostufers entwickelten sich zu touristischen Hauptorten mit Gaststätten und Pensionen und eignen sich als Ausgangspunkt für Wanderungen und Dampferfahrten – oder die Suche nach dem ruhigsten Lagerplatz an einer der sieben Badestellen des Sees.
Für alle Bootsarten zugelassen, gehört der See zum bevorzugten Revier für segelnde und tuckernde Freizeitkapitäne. Außerdem verteilen sich drei Zeltplätze um seine Ufer.
Insgesamt sind der Werbellinsee und seine Umgebung im Sommer zwar ein beliebtes, jedoch nicht überlaufendes Erholungsgebiet. Dennoch entfaltet sich der natürliche Charme des Sees am stärksten während der drei übrigen Jahreszeiten.
Am Ufer sitzend und über die windgekräuselte Wasserfläche blickend, mag man auch heute vom Schloss und der Stadt Werbellow träumen, deren Reste der Sage nach auf dem Seegrund die Zeiten überdauern. Schloss und Stadt sollen um das Jahr 1350 von einem großen Brand verschlungen worden sein. Alljährlich soll seit dieser Zeit eine „weiße Frau“ auf der Suche nach einem männlichen Opfer aus den Wogen des Werbellin aufsteigen...

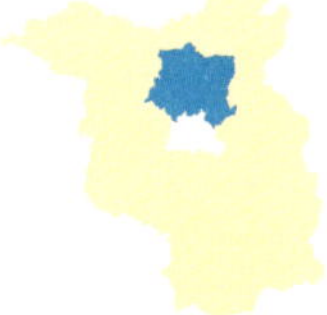

ANREISE

Auto Der A10/11 in Richtung Prenzlau bis zur Abfahrt Finowfurt folgen und auf die B167 in Richtung Bad Freienwalde, Eberswalde-Finow wechseln.

Bus + Bahn Mit dem Regionalexpress Richtung Stralsund bis Eberswalde fahren. Dann weiter mit dem Bus 864 Richtung Finow, bis Clara-Zetkin-Siedlung, dann Fußweg. Oder den Bus 910 Richtung Finowfurt nutzen.

Abenddämmerung am Üdersee

INFORMATIONEN

Gastronomie

Gaststätte im
Ferienpark Üdersee-Camp
Am Üdersee
16244 Schorfheide / OT Finowfurt
Telefon: 03335 / 218 oder 033363 / 42 13

Familienerholungsstätte
NaturFreundehaus Üdersee
Üdersee Süd 111
16244 Schorfheide / OT Finowfurt
Telefon: 03335 / 452 90

Badestellen

Eine offizielle Badestelle gibt es am Bukowsee nicht. Dennoch führt ein Trampelpfad hinter der Umzäunung der Tankstelle Bukowsee-Ost zu einer kleinen Badestelle.

Zwar gebührenpflichtig, aber sehr empfehlenswert ist der Strand auf dem Areal der Familienerholungsstätte **NaturFreundehaus** am Üdersee.

TIPP Wer gerne läuft, kann den Großen Bukowsee und den Üdersee von Finow aus über einen 23 Kilometer langen Wanderweg erkunden.

Grosser Bukowsee und Üdersee

Durch die Autobahntrasse zwischen Berlin und Prenzlau wurde der Große Bukowsee von seinen einst mit ihm verbundenen Nachbarn, dem Kleinen Bukowsee und dem Üdersee, getrennt. Seine Name leitet sich vom slawischen Wort „buk“ für Buche ab, die noch heute seine Hänge beschatten.

Von der Autobahn einmal abgesehen, liegt der 54 Hektar messende Große Bukowsee abgeschieden in landschaftlich reizvoller Gegend am östlichen Ausklang der Schorfheide. Sein Wasserspiegel erhebt sich 35 Meter über Meeresniveau, seine größte Tiefe liegt bei 24 Metern. Größere Ortschaften gibt es keine – selbst das Dorf Buckow bleibt in weiterer Entfernung zum Seeufer. Die bauchige Wasserfläche bleibt ganz der Natur überlassen und wird nur von den waldigen Hängen und einer lieblich gewellten Feld- und Wiesenlandschaft umgeben, in deren terrassenartigen Senken sich mehrere Wasserpfühle wie kleine Badewannen aneinanderreihen.

Eine offizielle Badestelle gibt es an den teilweise unter Naturschutz stehenden Ufern nicht. Dennoch verrät ein ausgetretener Trampelpfad hinter der Umzäunung der Tankstelle Bukowsee-Ost, dass gestresste Autofahrer ihre Pause auch dazu nutzen, um im klaren Seewasser ein erfrischendes Bad zu nehmen.

Hinter der gegenüberliegenden Raststätte „Bukowsee-West“ verbirgt sich der Üdersee, der geschützt von ufernaher Bewaldung still in einer tieferen Kesselrinne liegt. Sein schmaler, etwa 400 Meter breiter Wasserarm beginnt einen Kilometer südlich des Dorfes Werbellin und windet sich durch den Mischwald der Üderheide über fünf Kilometer hinweg bis nahe an den Oder-Havel-Kanal. Unter den dichten Baumkronen, die seine Ufer im Südosten und Westen beschirmen, verbirgt sich ein Sammelsurium eingezäunter Wochenendbungalows, deren Bewohner hier die Abgeschiedenheit der für Tagesbesucher schwer zugänglichen Uferabschnitte genießen.

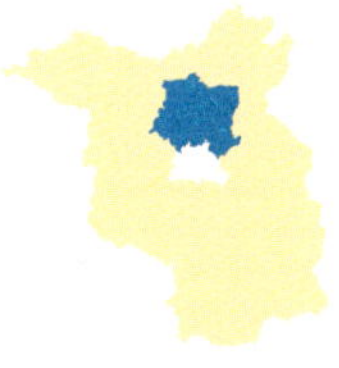

Zwei öffentliche (und gebührenpflichtige) Badestellen lassen sich nach gezielter Suche dennoch aufspüren: Die eine gehört zu dem am südlichen Zipfel des Sees gelegenen Campingplatz. Wenige Meter von dem kleinen Parkplatz und dessen Eingang entfernt, öffnet sich der Uferwald vor einem großen, seicht abfallenden Sandstrand. Man kann dort Ruderboote leihen, baden oder Beachvolleyball spielen.
Der zweite, sehr empfehlenswerte Strand gehört zum Areal der „Familienerholungsstätte NaturFreundehaus". Sein von alten Bäumen eingerahmtes Rund liegt auf einem Landsporn, der beinahe inselartig ins Blau des Sees hineinragt. Von hier aus kann man weite Ausblicke über den flussartig gewundenen See genießen. Von der Sonne beschienene Plätze wechseln sich mit schattigen Flecken ab und laden zum Bleiben ein.
Die Berliner NaturFreunde erwarben das parkartige Gelände bereits 1927. Nach Enteignung und Krieg war die Feriensiedlung seit den 1950er Jahren nur den Mitgliedern und Angestellten der DDR-Partei-Führung vorbehalten, bis die Anlage 1992 wieder an die ersten Besitzer rückübertragen wurde.
Zur Ausstattung dieser einladenden Anlage gehören ein öffentliches Restaurant im Haupthaus, ein erhöht liegender Imbiss mit Spielplatz und Blick auf den See sowie die gepflegte Badewiese mit kleiner Steganlage und Bootsverleih. Das Naturgefühl wird durch diese Einrichtungen jedoch in keiner Weise gestört.

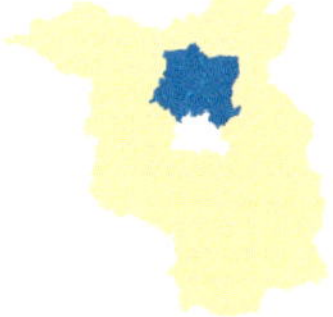

ANREISE

Auto Der A10/11 Richtung Prenzlau bis zur Ausfahrt Joachimsthal folgen. Von hier weiter auf der B198 nach Althüttendorf oder Joachimsthal fahren.

Bus + Bahn Mit Bus und Bahn: Mit der Ostdeutschen Eisenbahn via Eberswalde nach Joachimsthal fahren.

Grimnitzsee

INFORMATIONEN

Gastronomie

Restaurant **Waldschänke**
im Ferienpark am Grimnitzsee
Am Grimnitzsee 3
16247 Althüttendorf
Telefon: 033361 / 62 60

Gaststätte & Pension **Leistenhaus**
Leistenhaus 5
16247 Joachimsthal
Telefon: 033361 / 475
Am Nordwestufer: Ferienanlage mit öffentlicher Gaststätte direkt am Grimnitzsee.

Feriendorf am Grimnitzsee
Angermünder Straße 20
16247 Joachimsthal
Telefon: 033361 / 63 90

Baden:

Joachimsthal: Öffentliche Badestelle am Ortseingang neben dem Feriendorf Grimnitzsee.

TIPP Schöne Wanderwege bietet das nördliche Rückland des Grimnitzsees. Hier beginnt zum Beispiel die Welse, ein Flüsschen, welches nördlich von Schwedt in die Oder mündet.

Grimnitzsee

Auch der Grimnitzsee ist ein Souvenir der Eiszeit, entstanden aus einer Gletscherzunge. Als das nacheiszeitliche Klima dauerhaft milder wurde, sackten die bis zu 1000 Meter mächtigen Erd- und Geröllmassen zusammen, und der schmelzende Eispanzer breitete sich als tellerrunde Wasserfläche aus. Das in seiner unregelmäßig großflächigen Gestalt entstandene Gewässer ist somit ein für das Rückland der Pommerschen Endmoräne typischer Zungenbeckensee. Obwohl er mit 830 Hektar Fläche größer ist als der benachbarte Werbellin, erreicht der Grimnitzsee nur eine Tiefe von maximal elf Metern. Im Süden erheben sich hinter dem Seeufer die Endmoränenwälle der Mörderberge. Ansonsten ist der Wasserspiegel von einer seicht gewellten Feldlandschaft mit licht gestreuten Bäumen umgeben.
Der See erhält sein Wasser durch Quellen, Niederschläge und einen westlichen Zufluss aus der Schorfheide. Der so genannte Neue Graben verbindet ihn auch mit dem Werbellinsee, wodurch der Finowkanal mit Wasser versorgt werden soll. Während der DDR-Zeit war die Wasserqualität des Grimnitzsees durch intensive Fischzucht und die starke Düngung der Felder in seiner Umgebung erheblich belastet.
Inzwischen jedoch gilt das klare Seewasser wieder als sauber und lockt sowohl Wasser liebende Tiere als auch Badegäste an. Letztere können sich an mehreren Badestellen um die Ufer verteilen, ohne einander allzu nahe zu kommen. Über der Wasserfläche lassen sich jagende Fischadler, Schwärme nordischer Gänse und sogar Seeadler beobachten, deren Horste versteckt in den umliegenden Wäldern der Schorfheide liegen. Angenagte Stämme am Ufer zeugen überdies von den Bibern, die hier des Öfteren zu sehen sind. Von ihren Behausungen im nahe gelegenen Naturschutzgebiet „Großer Lubowsee" schwärmen die Nager regelmäßig zum südwestlichen Ufer des Grimnitzsees aus, wo sie in den ruhigen Abendstunden ihre Bahnen ziehen.

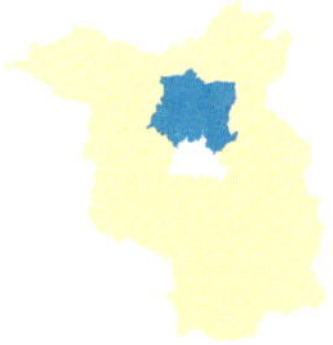

Zwischen Uckermark und Oderbruch

Vom Templiner Seenkreuz über die so zahlreiche Gewässer umschließenden Choriner Hügelketten erstreckt sich die jüngste nacheiszeitliche Landschaft Brandenburgs. Unterbrochen durch das Wasserknie der Alten Oder zwischen Oderberg und Bad Freienwalde, setzt sich die abwechslungsreiche Hügel- und Seenlandschaft in der schmalen Kerbe des Gamengrundes fort und reicht bis zum Strausberger Seengebiet, sowie der „sanften" Märkischen Schweiz am Rande des Oderbruchs.

Durch die Gletscher der letzten Eiszeit wurde das ursprüngliche Gewässersystem nahezu vollständig zerstört. Das abtauende Eis hinterließ Fließgewässer mit sehr unregelmäßigem Lauf – so zum Beispiel die Havel – , aber auch abflusslose Binnenseen und Moore, welche erst durch künstliche Gräben, etwa den Nettelgraben bei Chorin, oder Schleusen eine Verbindung zum Meer erhielten.

Die Gewässer des Templiner Seenkreuzes sind etwa 80 Kilometer von Berlin entfernt und liegen am südwestlichen Rand des Naturparks „Uckermärkische Seen", in dem sich etwa 170 natürliche Seen finden lassen. Dem Choriner Endmoränenbogen mit verstreuten kleineren Toteisseen folgt nach Norden und Osten eine kuppige Grundmoränenlandschaft mit Zungenbeckenseen, deren größter der Parsteiner See ist.

Wenige Kilometer westlich von Bad Freienwalde bei Neugersdorf beginnend, schneidet der waldreiche Gamengrund durch die Oberbarnimer Hochfläche und reicht bis ins südlich sich anschließende Strausberger Seengebiet. Etwa 20 schmal gewundene und langgestreckte Rinnenseen betten sich zwischen steil aufsteigenden Nadel- und Laubmischwäldern in den Talgrund. Im südöstlichen Bereich des Gamengrundes schließt sich der „Blumenthal" an, eines der größten geschlossenen Waldgebiete in der Umgebung Berlins.

Die Märkische Schweiz, die vom Stöbber-Bach durchflossen wird, bildet mit der Buckower Rinne die talartige Verbindung zwischen dem Oderbruch im Nordosten und dem Berliner Urstromtal im Südwesten.

7

GAMENGRUND | STRAUSBERGER SEENGEBIET | MÄRKISCHE SCHWEIZ

ANREISE

Auto Über die A10/11 in Richtung Prenzlau bis zur Abfahrt Joachimsthal fahren und der B198 in Richtung Joachimsthal folgen. Über Joachimsthal, Friedrichswalde, Milmersdorf nach Templin fahren.

Bus + Bahn Mit dem Regionalexpress Richtung Stralsund fahren und am Bahnhof Prenzlau aussteigen. Weiter mit dem Bus 502 Richtung Templin, ZOB. Achtung: Der Bus fährt nicht täglich. Oder mit der Heidekraut ab Oranienburg oder Berlin-Karow nach Templin.

FÄHRSEE

INFORMATIONEN

Gastronomie

Hotel und Restaurant **Fährkrug**
Fährkrug 1
17268 Templin
Telefon 03987 / 480

Camping

Naturcamp **Fährsee**
Fährkrug 1b
17268 Templin
Telefon 03987 / 20 01 14

Baden

Entweder die Badestelle des Naturcampingplatzes gegenüber dem Hotel Fährkrug nutzen, oder die kleine Badestelle hinter der dichten Uferbewaldung direkt vor dem Fährkrug.

TIPP Die Gaststätte am nahen Zaarsee verwittert inzwischen zwar zu marodem Charme, aber die Badestelle nebst großzügig gebautem Pavillon lädt immer noch zu einem schnellen Bad ein.

FÄHRSEE

Buchtenreiche, teilweise hügelig aufsteigende Waldufer und kleine versumpfte Inseln prägen den Charakter dieses vielgliedrigen Gewässers am Templiner Seenkreuz. Eine wie ein doppelter Tropfen aussehende Halbinsel trennt optisch einen größeren Abschnitt, der Fährsee, von einem kleineren, dem Zaarsee. Insgesamt ist der See mit 204 Hektar das flächenmäßig größte Gewässer oberhalb der Templiner Schleuse.
Wo heute Kanuwanderer das Wasser durchziehen, herrschte bis 1806 ein reger Floß- und Schiffsverkehr. Im Zuge des 1745 von Friedrich II. initiierten Baus des Templiner Kanals wurde auch das natürliche Fließ in den vormals sumpfigen Niederungen zwischen Lübbesee und Zaarsee durch den so genannten „Alten Kanal" ersetzt. So gelangten die mit Getreide und Holz befrachteten Kähne von der Uckermark über den Templiner und den Röddelinsee bis zur Havel und von dort aus bis zu den Häfen am Meer. Mit dem neu ausgebauten Finowkanal verlor der Wasserweg an Bedeutung – und Templin eine wichtige Einnahmequelle.
Die Badestelle des Zaarsees befindet sich an seinem Südufer und wurde noch vor einigen Jahren als Aalaussatzstelle genutzt. Die ruhige Atmosphäre des Wiesenstrands zwischen Ahrensnest und Seehof bleibt trotz seiner unmittelbaren Nähe zu der Verbindungsstraße zwischen der B109 und Templin bewahrt.
Zwei weitere Badeplätze liegen in der Westbucht des Fährsees. Ein kleiner Badeplatz versteckt sich unter der dichten Uferbewaldung vor dem modernen Anwesen dem Hotel „Fährkrug". Hier gibt es auch einen Bootsverleih. Wanderwege führen entlang des Ufers in den vier Kilometer entfernten Ort Templin und zum Templiner Stadtsee, der ebenfalls über ein Strandbad verfügt. Wer jedoch länger am Ufer des Fährsees verweilen möchte, dem sei die Badestelle des Naturcampingplatzes gegenüber des „Fährkrug" empfohlen. Auch an der Nordseite des Sees gibt es einen schönen Strand am Fuße des 73 Meter hohen Silberbergs.

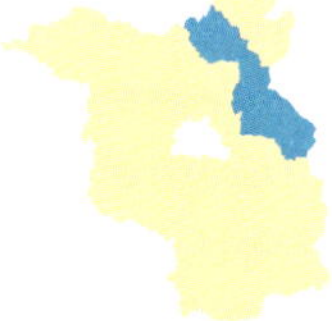

ANREISE

Auto Auf der A10 in Richtung Prenzlau bis zur Ausfahrt Mühlenbeck fahren. Hier Richtung Liebenwalde, Wensickendorf, Summt abfahren.

Bus + Bahn Mit dem Regionalexpress bis Fürstenberg (Havel) fahren und von dort weiter mit dem Bus 517 Richtung Templin Bahnhof. In Röddelin Dorf (Templin) aussteigen.

Wegweiser im Dorf Röddelin

INFORMATIONEN

Gastronomie

Wirtshaus **Wiesenhof**
am Templiner Kanal
Märkische Straße 13
17268 Templin
Telefon 03987 / 71 10

Restaurant **Seeblick**
Rotdornweg 8
17268 Röddelin
Telefon: 03987 / 30 35
Täglich von 11–22 Uhr geöffnet.

Baden

Röddelin: Ein hauseigener Badestrand für Gäste befindet sich an der Gaststätte **Seeblick**.

Dorf Hindenburg: Am östlichen Ufer, etwa 300 Meter von der Ortsmitte entfernt, ist eine Naturbadestelle mit Liegewiese.

Camping

Campingplatz **Am Röddelinsee**
Dorfstraße
17268 Röddelin
Telefon: 03987 / 54222

TIPP Dampferfahrt auf dem Röddelinsee. Abfahrt und Ankunft an der Templiner Schleuse. Die Fahrzeit von Templin nach Mildenberg beträgt inklusive Schleusung etwa drei Stunden.

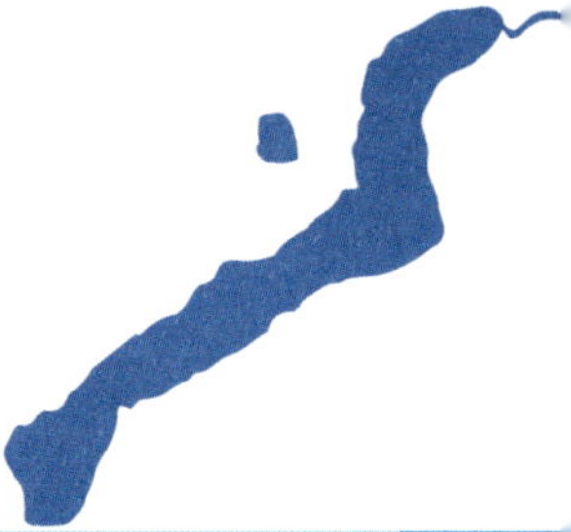

Röddelinsee

Der 180 Hektar große Röddelinsee bildet die südwestliche Wasserachse des Templiner Seenkreuzes. Sein klares Wasser strömt ihm in einer von der Eiszeit geformten Rinne vom Templiner Stadtsee über den die Altstadt umfließenden Templiner Kanal zu. Bereits ab Templin bietet sich die Möglichkeit, den See auf dem Wasserweg zu erreichen: „Uckerperle" heißt das Fahrgastschiff, dessen Anleger am alten Mühlenhaus und unterhalb der 1895 erbauten Schleuse liegt. Mit ihm geht es langsam vorbei an den historischen Stadtmauern Templins, entlang ufernaher Gärten und durch eine wiesen- und kräuterreiche Auenlandschaft. Hinter der Ziegeleibrücke weitet sich der schmale Kanal für einen Moment zu einer teichgroßen Wasserfläche, um jedoch bald wieder in gewundenem Lauf dem Röddelinsee entgegen zu streben. Eine zweite Brücke kreuzt den Kanal kurz vor seinem Eintritt in den See. Auf den Schienen der stillgelegten Eisenbahnstrecke Templin - Fürstenberg überqueren heute Draisinen die Wasserstraße.
Auf dem langen, schmalen Röddelinsee angekommen, erlaubt sein klares Wasser eine Sichttiefe von zwei Metern. Nicht viel, wenn man weiß, dass es an seiner tiefsten Stelle 60 Meter hinabreicht. Die schilfreiche Wasserkante umgibt ein steil ansteigender Hügelkamm. Am gegenüberliegenden Seeufer lassen sich ein schmaler Nadel- und Mischwaldsaum sowie zwei Ortschaften erkennen.
Das Angerdorf Röddelin liegt fünf Kilometer südlich von Templin an der Westseite des Sees. Der 1287 gegründete Ort gehörte einst zum Kloster Himmelpfort, wurde jedoch während des Dreißigjährigen Kriegs vollständig zerstört und gelangte erst gegen Ende des 17. Jahrhunderts durch die Herstellung von Kienöl zu neuer Bekanntheit. Heute ist der Ort ausschließlich auf Natur und Erholung suchende Gäste eingestellt, lediglich ein Wegweiser in deutscher und russischer Sprache erinnert in der Dorfmitte an die Besatzungszeit nach dem Zweiten Weltkrieg.

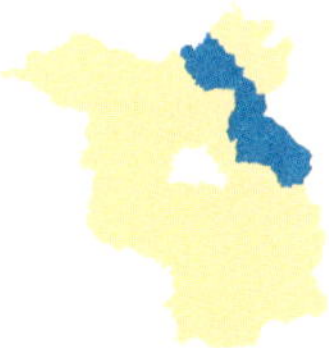

Einen hauseigenen Badestrand für Gäste bietet etwa die Gaststätte „Seeblick". Die Küche ist deftig und preiswert, und es gibt einen Steg, an dem Dampfer auf telefonische Anfrage Station machen. Unweit des Dorfes erhebt sich der 61 Meter hohe Wallberg, von dem aus man die weite Aussicht über den Röddelinsee und die geschwungene Wasserfläche des Großen Mahlgastsees genießen kann.
Hinter dem südlichen Dorfausgang von Röddelin führt eine unwegsame Sandstraße vorbei an einem Zeltplatz mit Badestrand und verliert sich schließlich am Südzipfel des Sees in den Wäldern, die sich vom gesperrten Militär- zum heute offenen Naturschutzgebiet „Kleine Schorfheide" gewandelt haben.
An der östlichen Seeseite liegt in einigem Abstand zum Ufer das Dorf Hindenburg. Etwa 300 Meter von der Ortsmitte entfernt liegt eine Naturbadestelle mit Liegewiese. Auch ein Yachthafen findet sich hier.
Am südlichen Ende des Dorfs wurde 2004 unmittelbar am See auf dem Gelände des ehemaligen DDR-Pionierlagers „Klement Woroschilow" die Westernstadt „Silver Lake City" errichtet. Die bayerischen Investoren erhoben jedoch unangemessen hohe Eintrittspreise, und der Erlebnispark stellte binnen kürzester Zeit wegen mangelnden Zulaufs den Betrieb wieder ein. Ab Sommer 2006 plant nun der Filmpark Babelsberg die Neueröffnung des Holzbudenensembles unter dem Namen „Eldorado". Sattler, Silberschmiede und Stunt-Darbietungen, sollen dann Besucher in die Goldgräberstadt locken. Aber auch die Möglichkeit, eigene, nach vorbereiteten Kurzdrehbüchern in Szene gesetzte Filme mit nach Hause zu nehmen, soll es geben. Und natürlich plant man die Westernstadt als Kulisse für Dreharbeiten zu nutzen.
Ob Gojko Mitic hier zukünftig auf den Brettern der geplanten Seebühne zu sehen ist, bleibt abzuwarten. Vorerst beanspruchen Biber und Fischotter das Revier, während sich über dem See mit einigem Glück Fisch-, See- und Schreiadler bei der Jagd beobachten lassen.

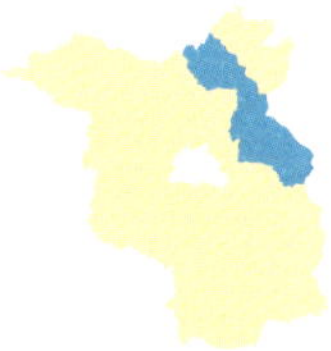

ANREISE

AUTO Der A114 und der B109 in Richtung Wandlitz folgen und über Schönwalde, Zerpenschleuse und Groß Schönebeck nach Gollin fahren.

BUS + BAHN Mit der Regionalbahn oder Ostdeutschen Eisenbahn nach Templin Stadt fahren und weiter von Templin ZOB mit dem Rufbus 508 oder dem Fahrrad nach Gollin Dorf.

GROSSER GOLLINSEE

INFORMATIONEN

GASTRONOMIE

Gasthaus **Golliner Krug**
Dorfstr. 36
17268 Gollin
Telefon: 039882 / 491 60
Täglich von 11–21 Uhr geöffnet.

BADESTELLE

Rund 300 Meter vom Golliner Krug entfernt liegt die Badestelle des Ortes. An ein WC und Abfallentsorgung wurde gedacht.

Grosser Gollinsee

Etwa 13 Kilometer nördlich von Groß Schönebeck liegt am Übergang von der Schorfheide zum Templiner Seenkreuz das Angerdorf Gollin. Eingefasst von unter Naturschutz stehenden Wäldern bewahren der Ort und sein See trotz guter Erreichbarkeit ihre Abgeschiedenheit. Die B109 streift Gollin in Richtung Prenzlau, ohne jedoch den Ort zu durchschneiden, weshalb Ausflügler hier selten für längere Zeit oder in größerer Zahl haltmachen. Am Ausgang des Dorfes in Richtung des fünf Kilometer entfernten Vietmannsdorf liegt die Badestelle des Ortes, die besonders von Einheimischen geschätzt wird. Dieser unbewachte, aber gepflegte Sand- und Wiesenstrand liegt am nördlichen Zipfel des Großen Gollinsees. Von diesem einzigen Badeplatz streckt er seinen etwa zweieinhalb Kilometer langen Wasserarm nach Süden in die Wälder des „Naturschutzgebietes Bollwinwiesen“ aus.

Röhrichtbestandene Ufer, vor allem aber sumpfige Niederungen, erschweren die Umwanderung des Sees. Sie bieten jedoch zugleich Lebensraum für seltene Vogelarten, die den Großen Gollinsee alljährlich von Anfang März bis Ende Juni aufsuchen, um hier zu nisten. Das Angeln ist daher nur außerhalb dieser Zeit gestattet. Auch Taucher schätzten früher das klare und fischreiche Gewässer, müssen sich jedoch mit dem seit wenigen Jahren geltenden Verbot abfinden.

Der Große Gollin ist ein so genannter Klarwassersee und gilt als eines der saubersten Gewässer Brandenburgs. Bereits zu DDR-Zeiten war der See mit seinen Sichttiefen von bis zu zweieinhalb Metern ein ausgewiesenes Trinkwasserschutzgebiet.

Wer nach erfrischendem Bad Schatten und Einkehr sucht, sollte den „Golliner Krug“ besuchen. Die Schänke wurde erstmals im Landbuch erwähnt, als die ihr gegenüber stehende Granitkirche im Jahre 1375 verwüstet wurde. Auf deren Fundamenten erbaut, besticht die im Jahr 1817 eingeweihte Fachwerkkirche durch ihren ländlichen Charme.

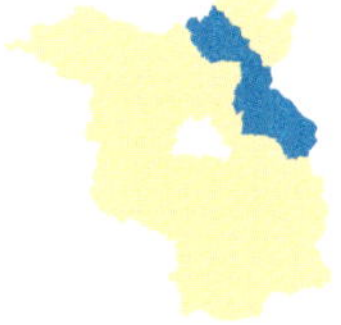

AUTO Auf der A114 in Richtung Prenzlau bis zur Ausfahrt Schönerlinder Straße fahren und in Richtung Wandlitz auf die B109 wechseln. In Gollin die Dorfstraße verlassen und links in die L216 einbiegen und der Straße bis Vietmannsdorf folgen.

BUS + BAHN Mit dem Regionalexpress bis Fürstenberg fahren. Weiter mit dem Bus 517 Richtung Templin, ZOB. Und von hier mit dem Bus 508 Richtung Gollin, Dorf bis Vietmannsdorf. Bus fährt nicht täglich.

POLSENSEE

GASTRONOMIE

Gaststhaus **Lindenschänke**
Uhlenhof 23
17268 Vietmannsdorf
Telefon: 039882 / 232

Landhaus **Askanien**
Storkower Str. 33/34
17268 Vietmannsdorf
Telefon: 039882 / 62 90

BADESTELLEN

Vietmannsdorf: Die Badestelle ist über einen etwa 200 Meter langen nur für DAV-Mitglieder befahrbaren Sandweg am Ortsausgang Richtung Gollin erreichbar. Keine Infrastruktur.

Dargendorf: Hinter den Scheunen des ehemaligen Gutshauses liegt die Badestelle. Eine gepflegte kleine Wiese ohne weitere Ausstattung. Hunde sind nicht gestattet.

CAMPING

Schorfheide-Camp
Uhlenhof 15
17268 Vietmannsdorf
Telefon: 039882 / 40 93

Polsensee

Zwischen den Templiner Seen und der Schorfheide gelegen, lockt der Polsensee mit seinem ländlichen Charakter. Glatt wie ein Spiegel schimmert sein von Schilf gesäumtes Wasser in einem natürlichen Talkessel. Dahinter verlieren sich von Bäumen bestandene Anhöhen in einer von Felder und Wald bestimmten Landschaft. Allein zwei kleine Dörfer blicken einander von den gegenüberliegenden Seeseiten her an. Das westlich gelegene trägt den Namen Vietmannsdorf.

Zwei Gaststätten liegen am Dorfplatz des reichlich durchfahrenen Ortes und sind – seit ein kleiner Zeltplatz in unmittelbarer Nähe eröffnet wurde – auf regelmäßige Besuche vorbereitet. Die kleine Badestelle befindet sich am Ortsausgang in Richtung Gollin und ist zu Fuß über einen etwa 200 Meter langen Sandweg zu erreichen. An seinem Ende liegt die Wiesenbadestelle versteckt im Schatten alter Bäume neben einer umzäunten Steganlage für Angler, wo sie vom Ansturm zahlreicher Sommergäste verschont bleibt.

An der östlichen Seespitze liegt Dargendorf. Die steinernen Scheunen des ehemaligen Schlossgutes reichen fast bis an das Wiesenufer des kleinen Dorfbadestrandes, der nur von Einheimischen und Kennern genutzt zu werden scheint. Ausflügler verirren sich nur selten an die unbewirtschaftete Badestelle, die sich für ein Picknick und eine Erfrischung im See bestens eignet. Allerdings bittet ein gemaltes Schild, auf das Mitbringen von Hunden zu verzichten.

Das einst zum Gut Dargendorf gehörige Schloss existiert heute nicht mehr, lediglich die Reste seines verwilderten Parks sind geblieben, und bis an den sumpfigen Schilfrand des Polsensees wächst das Dickicht alter Bäume. Sein Wasser zeigt zwar an den Ufern eine leichte Trübung, die jedoch vom sandigen Seegrund ausgeht und nicht an seiner Sauberkeit zweifeln lassen sollte.

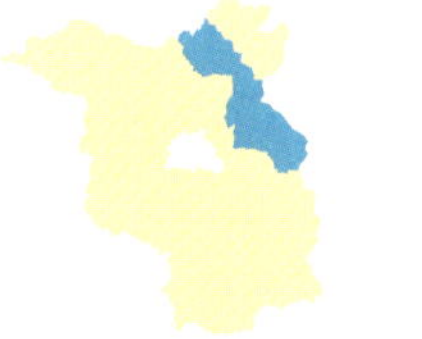

ANREISE

Auto Über die A10/11 nach Prenzlau bis zur Ausfahrt Joachimsthal fahren und auf die B198 in Richtung Joachimsthal wechseln. 12 Kilometer später rechts auf die Bahnhofstraße zum Parsteiner See einbiegen. Alternativ auch über Chorin und Brodowin fahren.

Bus + Bahn Mit dem Regionalexpress Richtung Stralsund zum Bahnhof Chorin fahren. Von dort weiter mit Bus 912 in Richtung Pehlitz bis Parsteinsee. Der Bus fährt nicht täglich.

Abendsonne über dem Parsteiner See

INFORMATIONEN

Camping

Campingplatz **Parsteiner See**
Seestraße 1
16248 Parstein
Telefon: 033365 / 362
Von April bis Oktober täglich 8–17 Uhr geöffnet. Kanu- und Bootsverleih, Kinderspielplatz, Gastronomie, Imbissstände, Surfschule, Parkplatz.

FKK-Zeltplatz **Herzfelde** am Nordufer, großer Parkplatz und öffentliche Badestelle, Imbiss, Sanitärhaus vorhanden; keine Müllentsorgung für Tagesgäste.

Service

Geologischer Garten **Stolzenhagen**
Elsengrund 6
16248 Stolzenhagen
Führungen nach Anmeldung unter:
Telefon: 033365 / 71220 oder 71134

Natur- und Geschichtsaustellung im Haus am Pehlitzwerder
Telefon: 033362 / 706 86

TIPP Das Museum im Haus Pehlitzwerder zeigt die Entwicklung der Region von der Eiszeit bis in die Gegenwart. An Wochenenden und Feiertagen 10-16 Uhr geöffnet.

Parsteiner See

Mit einer Wasserfläche von etwa 1100 Hektar ist der Parsteiner See das größte Gewässer des Biosphärenreservats „Schorfheide-Chorin“. Bei seiner Entstehung ergoss sich vor tausenden von Jahren eine abtauende Gletscherzunge, der so genannte Parsteiner Lobus, in die gewellte Grundmoränenlandschaft südlich von Angermünde. Eiszeitforscher bezeichnen ihn deshalb als Zungenbeckensee.

Mit 27 Metern Wassertiefe ist der klare See für seinen Typus relativ flach. Seine Ufer sind von unregelmäßiger Gestalt mit vielen Buchten und breiten, von morastigem Schilf bewachsenen Verlandungszonen, in denen Tiere siedeln, die Ruhe bevorzugen. Markierte Rad- und Wanderwege begleiten das Seeufer, sollten jedoch aus Gründen des Naturschutzes nicht verlassen werden.

Während des Zweiten Weltkriegs befanden sich auf dem See treibende Pontons, die den Fliegerstaffeln der Wehrmacht als Übungsziele dienten. Noch heute sollen zahlreiche Überreste jener unscharfen Bomben auf dem Grunde des Sees liegen. Das Gewässer ist daher ein beliebtes Ziel für Taucher, die auf von Muscheln bewachsene Funde hoffen. Aber auch Segler und Surfer drehen hier gerne eine Runde.

FKK-Freunde finden bei Herzsprung am Nordufer des Parsteiner Sees ihr Ziel. Hier gibt es einen FKK-Zeltplatz mit öffentlichem Nacktbadestrand. Die hügelige Waldfläche öffnet sich vor einer großen Liegewiese und zwei von einem Schilfgürtel umrahmten Badeplätzen.

Zwei weitere Badestellen am Südufer des Sees sind entweder von Parstein oder von Brodowin aus erreichen.

Vom Dorfanger Brodowins entfernt sich linker Hand eine schmale Teerstraße in Richtung Ufer. Sie führt an einer Kette hintereinander liegender Wiesenhügel vorbei, die aussehen, als wölbten sich hier die Höcker unter der Erde schlummernder Kamele auf. Der prominenteste dieser Drumlins – so nennt man die tropfenförmigen Hügel – ist der „Kleine Rummelsberg“. Wer ihn besteigt, wird mit einem

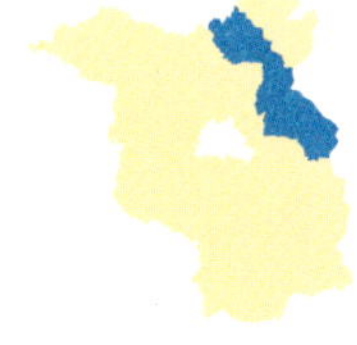

erhabenen Rundblick belohnt, der in nördlicher Richtung weit über den sich in kleineren Buchten und Abschnürungen verlierenden Wasserspiegel des Sees reicht. In südlicher Richtung steigen die von Buchenwäldern bestandenen Höhen des Choriner Endmoränenbogens auf.

Nach einer Seite fällt der elliptisch geformte Hügel zum Wasser des Wesensees hin ab. In östlicher Richtung – im Parsteiner See – liegt der Pehlitzer Werder, eine von hohen Linden beschattete Halbinsel. Auf diesem Eiland finden sich unter den alten Bäumen die stark verfallenden Mauerreste des Klosters Mariensee. Die Zisterziensermönche gaben diesen Flecken schon wenige Jahre nach der Klostergründung um 1260 auf und zogen in das sieben Kilometer entfernte Chorin. Die genauen Gründe dafür, das halbfertige Kloster zu verlassen, sind nicht bekannt. Grabungen ergaben aber, dass der Aufbruch recht plötzlich erfolgt sein muss.

Heute befindet sich ein Naturcampingplatz auf dem für Autos gesperrten Werder, um dessen Ufer sich mehrere Badeplätze verteilen. Zum Teil mit Spielplätzen und Bänken ausgestattet, liegen diese kleinen Wiesenflächen im Schatten hoher Baumkronen. Ein großer Parkplatz befindet sich vor dem Inseldamm, eine kleine Verkaufsstelle ist ganztägig neben dem Rezeptionshäuschen geöffnet.

Turbulenter geht es an der zweiten Badestelle des Sees zu. Sie liegt unmittelbar neben dem Campingplatz „Parsteiner See". Imbissbuden, eine kleine Gaststätte und Spielflächen für Kinder bestimmen die familienfreundliche Ausflugsatmosphäre dieses Strandbades. Es lohnt sich, seinen Ausflugstag an diesem Ort zu beschließen, da an manchen Tagen die absteigende Sonne den ufernahen Wasserspiegel in ein türkisfarbenes Licht taucht.

ANREISE

Auto Über die A11 in Richtung Prenzlau bis Abfahrt Finowfurt, dann auf der B167 in Richtung Eberswalde, in Eberswalde auf die B2 nach Kloster Chorin und weiter nach Brodowin.

Bus + Bahn Mit dem Regionalexpress Richtung Stralsund bis Bahnhof Chorin und weiter mit dem Bus 912 bis Brodowin. Der Bus fährt nicht täglich.

Brodowinsee

INFORMATIONEN

Gastronomie

Landgasthaus und Pension
Schwarzer Adler
Dorfstraße 80
16230 Brodowin
Telefon: 033362 / 712 40
Täglich von 11–23 Uhr geöffnet.

Badestelle

Die Dorfbadestelle in Brodowin hat sich ihren natürlichen Charme bewahrt und bietet keinerlei Infrastruktur.

Übrigens

Zu DDR-Zeiten war das Dorf zum einen wegen des regelmäßig stattfindenden „Brodowiner Kirchensommers" bekannt, zum anderen wegen der „Brodowiner Gespräche", die seit 1980 Künstler und Wissenschaftler in den Ort brachten.

TIPP Ausflüge ins Ökodorf sollten in den örtlichen „Hofladen“ führen. Biologisch kontrolliertes Obst und Gemüse von Brodowiner Höfen ist oft auch in Berliner Biomärkten zu finden.

BRODOWINSEE

Eigentlich sind es nur ein paar Kilometer in Richtung Nordosten – doch in der von Wiesen bewachsenen Hügellandschaft zwischen Chorin und Parstein ist das hektische Treiben Berlins nur noch eine ferne Erinnerung. Hier liegt der kleine Ort Brodowin, der vor allem als Ökodorf bekannt geworden ist. Kaum ein Berliner Biomarkt, auf dem nicht biologisch kontrolliertes Obst und Gemüse von einem der Brodowiner Höfe angeboten wird.
Trotz dieses Seenreichtums ist es allerdings zunächst nicht einfach, eine zugängliche Badestelle zu finden. Der am Ortseingang gelegene Weiße See wird vollständig von Schilf und Uferbäumen eingesäumt und steht nur den Besitzern der Gärten offen, die hier bis ans Wasser reichen. Andere Gewässer, wie etwa die beiden Plageseen, befinden sich im Prozess fortschreitender Verlandung und bieten zwar Sumpf liebenden Pflanzen und Tieren einen Platz. Ansonsten aber werden nur stille Naturbeobachter hier ihre Freude haben.
Der eigentliche Brodowinsee liegt am Ende des Dorfes. Ein Hohlweg neben der Friedhofsmauer endet nach etwa 100 Metern an der Dorfbadestelle, deren Reiz ihre versteckte Lage und Naturbelassenheit ausmacht. Eine steil abschüssige Wiese endet an der Uferkante, ein brüchiger alter Steg begleitet die ersten Wassermeter.
Obgleich von eher kleinerem Ausmaß, ist der See recht unübersichtlich in zwei Hälften gegliedert und erinnert in seinen Umrissen an die Gestalt eines Vogels mit ausgebreiteten Schwingen. Eine erhöhte Halbinsel schiebt sich gleichsam zwischen beide Wasserflügel.
Der „Gotteswerder“ genannte Landbuckel bot einst bronzezeitlichen Siedlern Schutz und wurde zur Keimzelle des späteren Brodowin, das 1258 erstmals urkundlich erwähnt wird. „Brod“ bedeutet „Furt“. Später verlagerte sich die Ortsmitte an die Stelle der heutigen Kirche, deren roter Backsteinturm hinter der spiegelnden Wasserfläche aufragt.

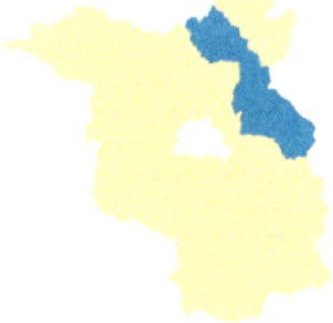

ANREISE

AUTO Über die A10/11 Richtung Prenzlau bis zur Ausfahrt Angermünde fahren und auf die B198 Richtung Angermünde wechseln. Groß-Ziethen durchfahren und auf der B2 weiter nach Chorin/ OT Serwest.

BUS + BAHN Mit dem Regionalexpress bis Chorin fahren und weiter mit dem Fahrrad oder dem Bus 912 nach Serwest.

BADESTELLE AM CAMPINGPLATZ AM SERWESTER SEE

INFORMATIONEN

GASTRONOMIE

Fischrestaurant **Serwester Hof**
Dorfstr. 3
16230 Chorin / OT Serwest
Telefon: 033364 / 508 80
Täglich geöffnet von 10–22 Uhr.

BADEN

Zum Campingplatz gehörige Naturbadestelle am Nordufer.

Gepflegte, kleine Badewiese in Serwest. Hunde sind hier nicht gestattet.

TIPP Für Wanderer ist die Gegend um den Serwester und den Brodowinsee ideal. Weitere Strecken lassen sich hier gut zurücklegen. Aber auch ein kurzer Spaziergang lohnt sich.

Serwester See

Etwa fünf Kilometer südlich von Angermünde beginnt eine hügelige und seenreiche Feldlandschaft, die sich bis zu den bewaldeten Höhen der Choriner Endmoränenbögen ausbreitet. Hier liegt der Serwester See. Seine Entstehung reicht bis in die Eiszeit zurück, als sich geröllbeladene Gletscherzungen durch den Boden schürften. Ein sanfter Wiesenhügel trennt beide Gewässer, die ohne natürliche Abflüsse existierten, bis sie durch schlängelnde Gräben mit dem benachbarten Parsteiner See verbunden wurden.
Am Nordufer des großen Serwester Sees führt die Straße an einer kleinen Wohnwagen- und Bungalowsiedlung vorbei, die entstand, als die Gegend um den See in den 70er und 80er Jahren des vergangenen Jahrhunderts touristisch entdeckt wurde. Die Badestelle dieses Naturcamps kann gegen Gebühr auch von Tagesbesuchern genutzt werden. Aufgehängte Fischernetze und eine beinahe familiäre Atmosphäre bestimmen den Ort. Angler schätzen sowohl den Fischreichtum des klaren Wassers als auch die Ruhe um den See. Den Einfall größerer Bädescharen scheint man hier nicht gewöhnt zu sein.
Eine weitere Badestelle liegt in Serwest selbst. Ein von Bäumen gesäumter Sandweg, der neben der Kirche beginnt, fällt mit den Wiesen- und Weidenhängen seicht zum Ostufer des Sees ab. Die kleine öffentliche Liegewiese wirkt liebevoll gepflegt und wird offenbar vorwiegend von Einheimischen genutzt. Nebenan grasen Pferde, und einen beschaulicheren Ort für ein Sommerbad könnte man sich kaum denken.
Hinter dem westlichen Seeufer ragt der bewaldete Hügelrücken der 112 Meter hohen Kernberge auf. Ihren abfallenden Höhen folgt in alle Richtungen die flachwellige Moränenlandschaft mit eingebetteten Kleinseen und wassergefüllten Ackermulden, den so genannten Söllen. Den Ausblick schätzten wohl auch schon die Bewohner der Jungstein- und der Bronzezeit. Von deren Siedlungen blieben bis heute noch einige Grabanlagen erhalten.

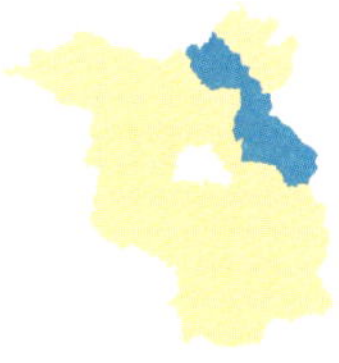

ANREISE

AUTO Über die B2 in Richtung Bernau nach Kloster Chorin. Oder Autobahn A 11 in Richtung Prenzlau bis Abfahrt Finowfurt, auf die B167 in Richtung Eberswalde, in Eberswalde auf die B2 in Richtung Sandkrug nach Kloster Chorin

BUS + BAHN Mit dem Regionalexpress Richtung Stralsund bis Chorin fahren. Dann dem Wegweiser zum Kloster Chorin folgen. Gleich daneben ist der Amtssee.

AMTSSEE

INFORMATIONEN

GASTRONOMIE

Neue Klosterschänke
Neue Klosterallee 12
16230 Chorin
Telefon: 033366/53 10

Restaurant **Immenstube**
im Hotel **Haus Chorin**
Neue Klosterallee 10
16230 Chorin
Telefon: 033366 / 500

BADEN

Kleine Badestelle mit Steg am Nordufer des Amtssees. Keine weitere Ausstattung.

Badestelle am Hotel Haus Chorin, für Gäste (mit eigenem Badezugang zum See und Bootsvermietung).

TIPP Die Immenstube ist Deutschlands erstes und einziges Honig-Spezialitätenrestaurant. Hier gibt es Honig in pikanten Gerichten, teils mit historischen, teils mit neuen Kreationen.

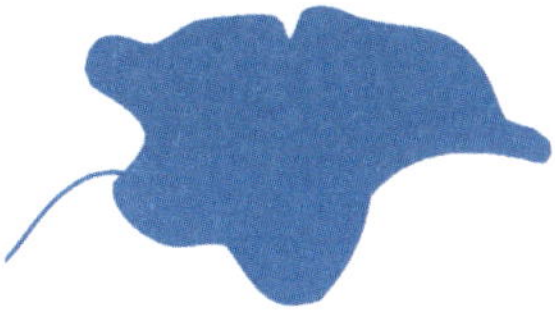

Amtssee

Am 8. September 1273 sind auf der Burg Werbellin nebst etlichen Rittern die drei Markgrafen Johann IV., Otto II. und Konrad I. versammelt. Sie geben an diesem Tag dem Orden der Zisterzienser die Erlaubnis, ihr Kloster nach Chorin zu verlegen und in der dortigen Umgebung Wiesen, Äcker und Gärten zur Eigenversorgung zu bewirtschaften. Kaum war dies besiegelt, gaben die Ordensbrüder ihre erste Anlage am nahen Parsteiner See auf und zogen an die Ufer des kleinen und von Wald umgebenen Amtssees. Innerhalb der nächsten 40 Jahre errichteten die Gottesdiener ein Ensemble aus Sakral-, Wohn- und Wirtschaftsgebäuden, als deren höchster Mittelpunkt die backsteinerne Ordenskirche bis heute über die dichten Kronen des umgebenden Waldes ragt. Es wurde eines der prächtigsten Klöster im Stile der frühen norddeutschen Backsteingotik.

Die Abgeschiedenheit mönchischen Lebens lässt sich in Zeiten des mobilen Tourismus allerdings nur noch außerhalb saisonaler Schönwetterlagen erahnen. Besonders in der warmen Jahreszeit und an den Wochenenden strömen Ausflügler in großen Scharen ins Innere der Klosteranlage. In ein Museum umgewandelt, aber auch als Kirche genutzt, erfreuen sich das Kloster und dessen Park besonders während des „Choriner Musiksommers“ großer Beliebtheit und massenhaften Zulaufs. Außerhalb der Klostermauern bieten sich Spaziergänge um den Amtssee herum oder entlang des Nettelgrabens an, den einst die Mönche zur Regulierung des Wasserhaushaltes gruben.

Am nördlichen Uferabschnitt des Sees verheißt ein kleiner schwimmender Steg die Möglichkeit eines erfrischenden Bades. Die kleine Liegewiese ist nirgendwo als Badestelle angekündigt und bewahrt – obwohl nahe der Straße gelegen – einen natürlichen Charme. Hinter den Bäumen des gegenüberliegenden Ufers erhebt sich rot schimmernd der Dachgiebel des Kirchenschiffs mit seinem spitz aufsteigenden Turm über dem gekräuselten Spiegel des Wassers.

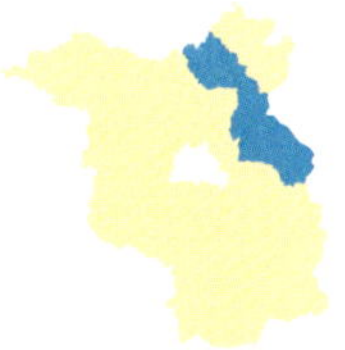

Auto Über die A10 an der Ausfahrt Berlin-Hohenschönhausen in Richtung Dresden, Berliner Ring, Frankfurt / Oder auf der B158 bis zur Ortseinfahrt Tiefensee (nach Werneuchen) oder bis Leuenberg. Rechts in die befahrbare Sandstraße abbiegen und an einer kleinen Parkfläche vor der Rezeption des Waldcampingplatzes halten.

Bus + Bahn Mit der Regionalbahn oder der Ostdeutschen Eisenbahn nach Tiefensee (Bahnhof) fahren.

Bootssteg am Gamensee

Gastronomie

Café und Gästezimmer
Haus am Mittelsee
Schmiedeweg 2
16259 Tiefensee
Telefon: 033398 / 766 45

Waldschenke **Sumpfbiber**
auf dem **Country-Camping Tiefensee**
Schmiedeweg 1
16259 Tiefensee
Telefon: 033398 / 905 14
Täglich ab 12 Uhr geöffnet.

Restaurant und Waldhotel **Forsthaus**,
Bahnhofstraße 13
16259 Höhenland / OT Leuenberg
Telefon: 033451 / 55 87 90
Täglich ab 11.00 Uhr geöffnet.

Leuenberger Krug
Berliner Straße 29
16259 Höhenland / OT Leuenberg
Telefon: 033451 / 609 39
Täglich von 10–21 Uhr geöffnet.

Baden

Eine gebührenpflichtige Badestelle gibt es am Gamensee auf dem Gelände des Country-Camping Tiefensee. Hunde sind aber nicht erlaubt.

Wilde Badestelle am Ostufer des Langen Sees, ab Leuenberg zu Fuß erreichbar.

TIPP Die stillgelegte Bahnstrecke Tiefensee-Sternebeck kann mit Draisinen befahren werden. Die 66-Seen-Regionalparkroute führt mit der Teilstrecke Tour 6 durch den Gamengrund.

Gamensee

„... nichts unterbricht die Stille als ein plätschernder Fisch, den die Nachmittagssonne an die Oberfläche treibt.“ (Theodor Fontane)

Der Gamensee reiht sich als klare Wasserperle in eine Kette aus etwa 20 Rinnenseen, die sich wie aufgefädelt durch die schmale Talkerbe und die Auwaldniederungen des Gamengrundes winden. Schmelzwasserströme der Eiszeit schnitten das zwischen 300 und 400 Meter breite Tal tief in das westlich aufragende Feldplateau des Hohen Barnim ein. Weder landwirtschaftlich noch industriell genutzt oder von Straßen und Ortschaften durchzogen, füllt bis heute dichter Mischwald das Tal und erweckt streckenweise den Eindruck einer Mittelgebirgslandschaft.

Der Gamengrund beginnt etwa acht Kilometer westlich von Bad Freienwalde und zieht sich über 25 Kilomter nach Süden hin bis in das Strausberger Wald- und Seengebiet. An den östlich aus dem Tal aufsteigenden Hängen setzt sich die üppige Waldlandschaft auf den Hügeln des Prötzeler Forstes und in dem besonders reizvollen Blumenthal fort.

Seine literarische Bekanntheit verdankt das heutige Landschaftsschutzgebiet dem Dichterpfarrer Schmidt von Werneuchen, vor allem aber natürlich Theodor Fontane, den seine Erkundungen im Jahre 1861 in diese Gegend führten.

Der in der Nähe des Gamensees liegende Ort Tiefensee ist eine dörfliche Siedlung ohne Marktplatz und Kirche und wurde erst 1925 zu einer eigenständigen Gemeinde. Im selben Jahr entstand am Nordzipfel des Sees eine Jugendherberge, die in den Jahren 1937/38 erweitert wurde. Während der letzten Kriegsmonate als Lazarett genutzt, brannte das Herbergshaus 1945 jedoch vollständig aus.

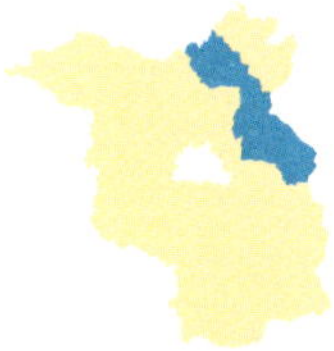

Heute umfrieden auf dem Gelände der einstigen Herberge kleingartenartige Zäune und Hecken die dau-

erbesiedelten Wohnwagen des Zeltplatzes „Country Camping". Der gebührenpflichtige Badeplatz mit Liegewiese und Spielplatz befindet sich im eingezäunten Areal der Feriensiedlung und lässt sich ab Tiefensee über den „Schmiedeweg" erreichen.
Die seicht abfallende Wiese geht am Ufer in einen schmalen Sandstrand über, der von Schilf eingerahmt wird. Locker verteilte alte Bäume am Ufer und am Wiesenrand bieten einige schattige Plätze. Trotz der unmittelbaren Nachbarschaft zum Wohnwagendorf bewahrt die familienfreundliche Badestelle einen natürlichen Charakter. Hunde dürfen allerdings nicht mitgeführt werden.
Der Gamengrund empfiehlt sich jedoch nicht nur für einen Badeausflug: Einmal hier angelangt, weckt ein Blick auf den See oder durchs Gehölz auf den nördlichen Mittelsee die Lust, den Seeperlen auf deren – wie Fontane sagte – „leis' gespanntem Bogen zwischen Tannenhügeln" wandernd zu folgen.
Am Ostufer des Langen Sees, der sich in nördlicher Richtung an den Mittelsee anschließt und bis nach Leuenberg reicht, liegt eine wilde Badestelle mit Rastplatz. Dorthin führt ein markierter Weg ab Leuenberg, der sich an der Seespitze gabelt. Der Badeplatz lädt allerdings eher zu einem erfrischenden Bad zwischendurch als zum längeren Verweilen ein.
Eine weitere empfehlenswerte Naturbadstelle liegt am Südzipfel des Gamensees. Vom Parkplatz an der wenig befahrenen Straße zwischen Prötzel und der B 158 erreicht man nach etwa 50 Metern den See, dessen Wasser hier am Ufer eines Sandstrandes anschlägt. Dahinter erstreckt sich eine sonnige Wiese mit schattigen Bäumen.

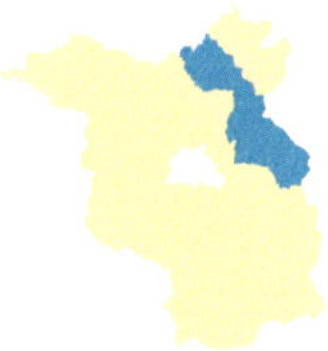

ANREISE

AUTO Auf B1/B5 immer geradeaus Richtung Strausberg. Der Fängersee befindet sich direkt hinter dem Bötzssee. Alternativ: über die B158 bis Werneuchen, dann über Wegedorf nach Wesendahl.

BUS + BAHN Mit der S-Bahn bis Strausberg Nord oder von Strausberg bis Strausberg, Lustgarten. Von hier mit dem Bus 931 Richtung Altlandsberg, Markt und am Bahnhof Wesendahl aussteigen. Der Bus fährt selten.

FÄNGERSEE

INFORMATIONEN

GASTRONOMIE

Pension und Gasthaus
Wesendahler Mühle
Mühlenstrasse 19
15345 Altlandsberg
Telefon: 03341 / 251 57

Gasthaus **Zur Mühle**
An der Mühle 40
15345 Altlandsberg
Telefon: 033438 / 613 07

BADEN

Eine kleine Badestelle mit Sandstrand ist von Wesendahl aus über einen längeren Sandweg zu Fuß und per Fahrrad erreichbar. Im Ort gibt es Parkmöglichkeiten.

TIPP Im Sommer Erdbeeren und Kirschen zum Selbstpflücken: BB Brandenburger Obst GmbH, Dorfstraße 37, 15345 Altlandsberg OT Wesendahl, Telefon: 03341 / 498770.

FÄNGERSEE

Nur wenige Kilometer von Strausberg entfernt liegt in der dicht bewaldeten Umgebung des ausklingenden Gamengrundes der Fängersee. Anders als seine nördlichen Nachbarn windet sich dieses Gewässer jedoch nicht mehr durch ein enges Tal, sondern ist von beinahe beckenförmiger Gestalt. Die dichten Nadelwälder der Spitzheide und des Breiten Luches reichen fast bis an seine Ufer heran, seinen Charakter gewinnt der See jedoch durch die großen Laubbäume, die ihn wie einen Saum umgeben. Hier lässt es sich angenehm spazieren gehen.
In einiger Entfernung zum Nordende des Sees quert eine Asphaltstraße von Gielsdorf nach Wesendahl die sumpfigen Niederungen am Südrand des kleinen, unzugänglichen Kesselsees.
Ab Wesendahl, in dem ein verwilderter Park von der einstigen Existenz eines Gutes zeugt, führt ein befahrbarer Sandweg zur Wesendahler Mühle. Ruhig und still liegt dieses Ausflugskleinod in einer von einem Bach durchplätscherten Niederung. Die Wassermühle wurde erstmals im Jahre 1608 erwähnt. Im Dreißigjährigen Krieg zerstört, musste sie 70 Jahre lang auf ihren Wiederaufbau durch den Müllergesellen Roßdorf warten. Der heutige Mühlenbesitzer ist ein Nachfahre dieses tatkräftigen Mannes, führt aber die Mühle trotz der eifrig sprudelnden Wasserräder nur noch als Restaurant. Ein angeschlossener Biergarten unter schattigen Bäumen erweitert während des Sommers den Gastraum der alten Mühle.
Ab der Mühle begleiten Wanderwege die beiden teilweise sumpfigen Längsufer des Fängersees. Die einzige Badestelle mit Sandstrand befindet sich am östlichen Ufer. Der Weg dorthin führt zunächst durch ein passierbares Sumpfgebiet, um sich dann zu gabeln. Von hier aus ist man auf dem rechten Pfad zu Fuß oder mit dem Fahrrad schnell am Ziel.
Wer vorher noch seinen Proviant vervollständigen möchte, kann im Juni und Juli auf der Wesendahler Obstplantage Erdbeeren und Kirschen selbst pflücken.

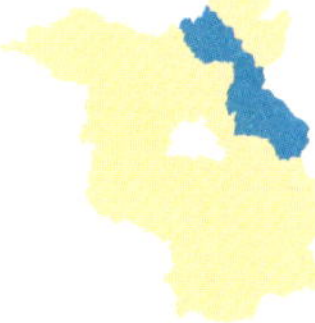

ANREISE

AUTO Auf der B1/B5 immer geradeaus Richtung Osten. Links in die L303 einbiegen, dann rechts in die Altlandsberger Chaussee. Hinter der Ortseinfahrt von Strausberg links in die Berliner Straße einbiegen, dann weiter geradeaus auf die August-Bebel-Straße.

BUS + BAHN Mit der S-Bahn Richtung Strausberg fahren und in Strausberg-Hegermühle aussteigen. Überqueren Sie die Straße und laufen Sie in nördlicher Richtung bis zum See.

BÖTZSEE

INFORMATIONEN

GASTRONOMIE

Gaststätte und Pension
Alte Spitzmühle
Strausberger Str. 2-3
15345 Spitzmühle bei Buchholz
Telefon: 03341 / 222 63
Täglich außer montags
ab 12 Uhr geöffnet.

Hotel und Restaurant
Neue Spitzmühle
Spitzmühlenweg 2
15344 Strausberg
Telefon: 03341 / 331 90

SERVICE

Strandbad Bötzsee mit Bootsverleih,
Altlandsberger Chaussee
Petershagen-Eggersdorf
Geöffnet: 15. Mai-15. September,
bewachte Parkplätze vorhanden,
für Kinder unter sechs Jahren ist die
Nutzung des Strandbades kostenlos.

Bötzsee

Der knapp 100 Hektar große Bötzsee gehört zwar scheinbar zum Strausberger Umland, ist jedoch seiner Entstehung nach das südlichste Gewässer des Gamengrundes. Seine lang gestreckte Wasserfläche bedeckt eine Tiefe zwischen acht und zehn Metern. Bis auf den Nord- und Südzipfel ist dieser stille Rinnensee von Wald umgeben. Die ruhigsten Badestellen des natürlich gewachsenen Ufers sind nur zu Fuß zu erreichen, denn die von Strausberg kommende Straße endet an der Nordspitze des Sees. Hier befinden sich auch die beiden ganzjährig gut besuchten Ausflugslokale „Alte" und „Neue Spitzmühle".

Wer die FKK-Badestelle am Ostufer, in deren Nähe sich auch die tiefste Stelle des Sees befindet, sucht, möge entweder den unbeschilderten Forstwegen links der Waldchaussee Richtung Spitzmühle folgen oder ab den Lokalen am Ufer entlang wandern. Weitere wilde Badeplätze liegen nischenartig, in loser Folge um die dem Sonnenuntergang zugewandte Seite verteilt. Teilweise sind sie auch mit Bänken für ein romantisches Picknick im Abendlicht ausgestattet. An allen Badestellen fällt das Ufer relativ rasch ab und ist für Kinder und Nichtschwimmer nur bedingt zu empfehlen.

Auf der gegenüberliegenden Seite schätzen Kenner des Sees und Liebhaber eines Morgenbades zum Sonnenaufgang die Buchholzer und die Altlandsberger Badestelle. Wanderwege von den beiden „Mühlen" oder aus südlicher Richtung von Eggersdorf führen dorthin durch den dichten Wald des Westufers.

Am buchtenreicheren Südende des Sees befindet sich in Eggersdorf das Strandbad Bötzsee. Vorbei am „Hotel Seeschloss" führt der Weg zu der von einem Rettungsdienst bewachten Badeanstalt. An heißen Tagen wurden hier schon bis zu 1500 Besucher gezählt. Diese Badeanstalt ist wegen ihres flachen Wassers und des weichen Sandstrands besonders bei Familien mit Kindern beliebt.

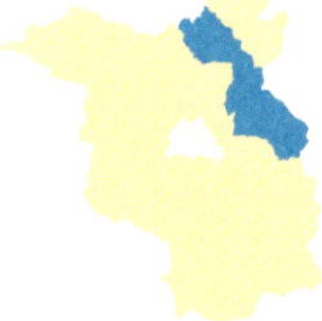

ANREISE

Auto Über die B1/5 in Richtung Frankfurt/ Oder fahren. Bei Tassdorf links auf die L303 nach Strausberg abbiegen. Nach ca. 10 Kilometern links auf die L33. Sie bleiben auf der Hauptstraße und fahren bis zum Kreisverkehr an der Nordspitze des Straussees.

Bus + Bahn Bis zum S-Bhf. Strausberg fahren und umsteigen in Tram 89 Richtung Strausberg/Lustgarten. In Strausberg-Hegermühle aussteigen. Von da ca. 10 min Fußmarsch Richtung Fähre.

DIE STÄDTISCHE BADEANSTALT AM STRAUSSEE WURDE 1925 ERÖFFNET

INFORMATIONEN

Gastronomie

Seegasthof im Volkshaus
Fichteplatz 1
15344 Strausberg
Telefon: 03341 / 30 50 10

Hotel und Restaurant
Neue Spitzmühle
Spitzmühlenweg 2
15344 Strausberg
Telefon: 03341 / 331 90

Pension und Gasthaus
Wesendahler Mühle
Mühlenstr. 19
15345 Altlandsberg
Telefon: 03341 / 251 57

Badestellen

Städtische Badeanstalt
Fichteplatz 2
15344 Strausberg
Telefon: 03341 / 230 74
April bis Oktober mit Bootsverleih.

TIPP Der Uferpromenadenweg um den Straussee führt etwa 5 Kilometer weit vom S-Bahnhof Strausberg-Stadt zur Fähre, mit der man bequem übersetzt und dann dem Uferweg folgt.

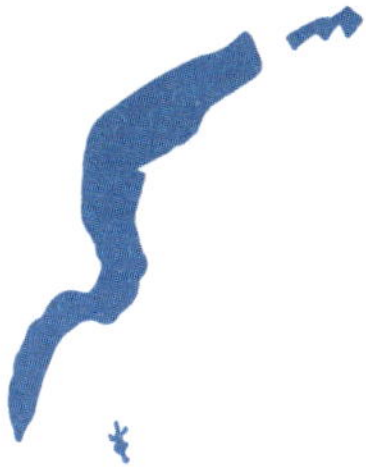

STRAUSSEE

Der Straussee ist das größte der um Strausberg liegenden Gewässer. Während die übrigen Seen, wie etwa der Bötzsee oder der Ihlandsee, ihre von Wald umgebene Lage bewahrten, wurde der Straussee mit der Stadtgründung Strausbergs im 13. Jahrhundert gewissermaßen zum Vorgarten der „grünen Stadt am Wasser“.

Die Stadt selbst, bis Mitte des 19. Jahrhunderts ein verschlafenes Provinznest, genießt heute durch ihre Nähe zu Berlin den Ruf eines lohnenden Ausflugsziels. Bereits in den 1930er Jahren wurden Pläne für eine S-Bahn-Verlängerung über Mahlsdorf hinaus nach Strausberg entwickelt, die jedoch erst nach Kriegsende im Jahr 1948 realisiert werden konnten. Mit der Ansiedlung des DDR-Verteidigungsministeriums in Strausberg erlebte die Stadt ab 1956 ihre bis dahin größte Veränderung. Noch heute finden sich die inzwischen verfallenen oder umgewidmeten Wohnanlagen ehemals militärischer Nutzung in Strausbergs Norden.

Tatsächlich aber lassen sich der Straussee und auch die benachbarten Gewässer der beiden parallel nord-südlich verlaufenden Seenketten von Berlin aus rasch erreichen.

Am Nordostzipfel des Sees laden parkartige Liegewiesen zum Verweilen und zum Baden ein. Der von Einheimischen nur „T-Steg“ genannte und über den Seespiegel verlängerte Holzsporn ist öffentlich begehbar und garantiert Licht- und Pigmentsuchenden Südsonnenbestrahlung ohne überschattende Bäume. Neben einem Spielplatz befinden sich hier auch einige Sitzbänke.

Die städtische Badeanstalt mit Bootsverleih befindet sich in der Ortsmitte am mittleren Ostufer und in unmittelbarer Nähe zum Ableger der elektrisch betriebenen Seilzugfähre, die im Sommer wie ein regelmäßiges Pendel die Wasserfläche durchfurcht, um wechselnd Stadt oder Wald suchende Ausflügler an die gewünschten Uferseiten zu schippern.

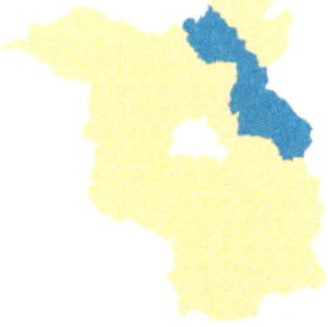

Die gegenüberliegende Westseite des langgestreckten und leicht gewundenen Rinnensees wird bis an die Wasserkante von Wald eingenommen. Die wenigen, unter Bäumen versteckten Grundstücke werden durch Ortsschilder an der zurückgesetzten, parallel laufenden Chaussee eingefasst, die einerseits auf die Nähe zum Wasser hinweisen, aber andererseits auf dessen Zugehörigkeit zur Stadt – „Jenseits des Sees".
Auf der Waldseite führt ein befahrbarer Sandweg (Hansmannweg) in gerader Linie zur Wasserfläche, hinter deren Spiegel sich die Kulisse Strausbergs erhebt. Einige Parkplätze (die im Sommer schnell belegt sind) reihen sich hinter einer verfallenden Grundstücksanlage aneinander. Von hier aus lassen sich die ruhigen Badenischen auf einem Fußweg binnen zehn Minuten erlaufen. Der dichte Wald lichtet sich um die kleinen Sand- und Wiesenliegeflächen. Die Uferkante wurde zusätzlich mit Holz verstärkt und bietet einen guten Einstieg ins klare Wasser.

Wandertipp:
Die Drei-Seen-Wanderung führt über rund 15 Kilometer am Straus-, Fänger- und Bötzsee vorbei. Vom S-Bahnhof Strausberg Stadt aus geht es an der Stadtmauer zur Anlegestelle der Fähre über den Straussee. Auf der anderen Seite führt die Markierung »gelber Strich« zur Wesendahler Mühle. Weiter am Ufer des Fängersees entlang – Markierung »blauer Strich« – zur Spitzmühle. Ab hier Markierung »grüner Punkt«, die am Ufer des Bötzsees entlang, an Badestellen vorbei, zur Siedlung Postbruch führt. Weiter zur Haltestelle „Schlagmühle" der Strausberger Straßenbahn und zurück zum S-Bahnhof Strausberg.

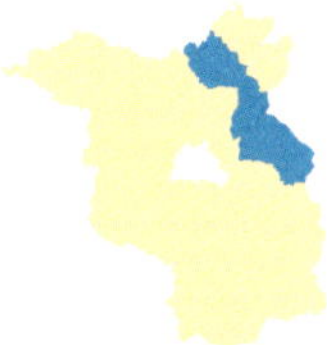

ANREISE

AUTO Über die B1/5 in Richtung Frankfurt/ Oder fahren. Bei Tassdorf links auf die L303 nach Strausberg abbiegen. Nach ca. 10 Kilometern links auf die L33. Sie bleiben auf der Hauptstraße und fahren bis zum Kreisverkehr an der Nordspitze des Straussees.

BUS + BAHN Bis zum S-Bhf. Strausberg fahren und umsteigen in Tram 89 Richtung Strausberg/Lustgarten. In Strausberg-Hegermühle aussteigen. Von da ca. 10 min Fußmarsch Richtung Fähre.

IHLANDSEE

INFORMATIONEN

GASTRONOMIE

Gutsstube in der Golf- & Jagdakademie Schloss Wilkendorf
Prötzeler Str. 1
15345 Altlandsberg / GT Wilkendorf
Telefon: 03341 / 33 09 20
Mi. bis So. ab 12 Uhr geöffnet.

Restaurant **Relaxe**
Am Weiher 1
15345 Wilkendorf
Telefon: 03341 / 33 09 90
März bis Oktober täglich von 9 bis mindestens 21 Uhr geöffnet, im Januar und Februar montags und dienstags Ruhetag.

BADEN

Das Baden ist zwar offiziell verboten, jedoch breitet sich von Wilkendorf kommend unmittelbar am Wasser ein hübscher kleiner Sandstrand aus. Von den Schatten spendenden Bäumen abgesehen, findet sich keinerlei weitere Ausstattung.

Ihlandsee

Obgleich der südlichste Wasserzipfel des Ihlandsees beinahe an die Chaussee zwischen Wilkendorf und Gielsdorf reicht, bleibt sein klarer Wasserspiegel hinter dem üppigen Bewuchs der Bäume nahezu verborgen.

Der See liegt am südlichen Ausgang des Blumenthaler Waldgebietes und ist nur einer von mehreren langen Wasserarmen, die sich in nord-südlicher Richtung in das an Legenden reiche Mischwaldgebiet betten.

Am besten lässt sich das Seeufer mit dem Fahrrad oder zu Fuß vom letzten der drei Strausberger S-Bahnhöfe erreichen. Autoreisenden sei empfohlen, ihr Gefährt in Wilkendorf abzustellen, denn die kurvige Chaussee bietet keine Parkmöglichkeiten in unmittelbarer Nähe zum Wasser. Wer es dennoch schafft, sein Auto an den Straßenrand zu quetschen, wird schon zu Anfang des kurzen Waldweges sogleich von einem Warn- und Verbotsschild abgeschreckt: „Baden und Betreten verboten, Lebensgefahr!"

Abhalten lassen sich davon jedoch nur die wenigsten. Denn unmittelbar am Wasser breitet sich ein hübscher kleiner Sandstrand aus, der im Sommer bei Bade- oder Picknickbesuchern gleichermaßen beliebt ist. Fragt man Einheimische nach dem See, hört man Geschichten von Metallrohren, die an seinem südlichen Ende auf dem Grund lagern sollen.

Dem Reiz des Ihlandsees tun solche Legenden indes keinen Abbruch. Vielmehr lässt sich die spröde Abweisung des Schildes auch als Einladung verstehen, den Wald und die gefurchte Rinne in nördlicher Richtung zu durchwandern, um die nahen Lattseen zu erreichen oder die Marksteine der untergegangenen Stadt Blumenthal zu suchen, deren Lage und Geschichte Fontane in seinen „Wanderungen" beschrieb.

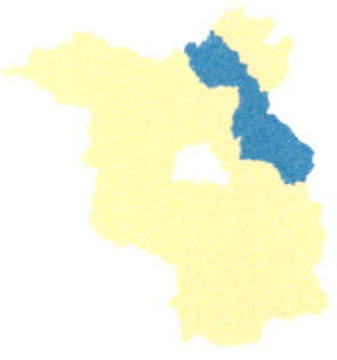

ANREISE

AUTO Über die A10 in Richtung Prenzlau bis zur Abfahrt Berlin Hellersdorf fahren und auf die B1 nach Strausberg oder Müncheberg wechseln.

BUS + BAHN Mit der Regionalbahn nach Müncheberg fahren und weiter mit dem Bus 928 nach Buckow.

SCHERMÜTZELSEE

INFORMATIONEN

GASTRONOMIE

Gasthaus und Herberge **Fischer**
Hauptstraße 20
15377 Bollersdorf / Buckow
Telefon: 033433 / 835

Gasthaus **Stobbermühle**
Wriezener Straße 2
15377 Buckow
Telefon: 033433 / 668 33

Restaurant **Fischerkehle**
Fischerberg 7
15377 Buckow
Telefon: 033433 / 374

Hotel und Restaurant **Buchenfried**
Fischerberg 9
15377 Buckow
Telefon: 033433 / 575 63

Hotel und Restaurant **Johst am See**
Egon-Erwin-Kisch-Weg 1
15377 Bollersdorf / Buckow
Telefon: 033433 / 63 90

BADEMÖGLICHKEITEN

Am Weißen See und am Strandbad Buckow mit Ruderbootsverleih und **Strandcafe**, Wriezener Straße, 15377 Buckow, Telefon: 033433 / 234

TIPP Brecht-Weigel-Haus in Buckow: Zu sehen ist hier u.a. der Planwagen aus der legendären Mutter Courage-Inszenierung im DT. (Montag und Dienstag Ruhetag, Telefon: 033433/467)

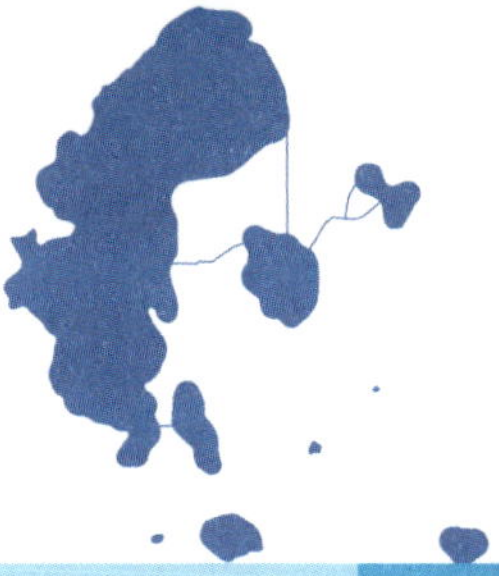

Schermützelsee

„...und – ein See steht ruhig über Stadt und Wald“ (Theodor Fontane)

Theodor Fontane verewigte in seinen „Wanderungen“ die untergegangene Stadt Alt Buckow, die der Sage nach auf dem Grunde des Schermützelsees die Zeiten überdauere und mit einiger Vorstellungskraft an manchen Tagen noch immer bis zur Wasseroberfläche heraufschimmert. Sage und Wirklichkeit schienen sich durch den Fund bronzezeitlicher Pfahlroste im See anzunähern.

Tatsächlich vollendete die ausgehende letzte Eiszeit das Bild der heutigen Landschaft: Ein vom Gletscherrand abgetrennter riesiger Toteisblock schmolz allmählich ab, und die zufließenden Wasserströme ließen den heute sanft in den Buckower Kessel eingebetteten See anschwellen. Sein Name leitet sich aus der slawischen Übertragung für „Elsbeere“ oder „Traubenkirsche“ ab.

Mit einer Fläche von 146 Hektar ist der Schermützelsee das größte der fünf Seegewässer der Märkischen Schweiz. Sein klares Wasser füllt eine Tiefe von 45 Metern aus und erlaubt eine Sichttiefe bis zu sechs Metern. Nur zwei Fährschiffen ist es gestattet, die Wasseroberfläche des Sees zu befahren. Besucher gelangen so zu den Stegen der Restaurants am gegenüberliegenden Ufer oder können während einer Rundfahrt die Landschaftskulisse auf sich wirken lassen. Von den steilen Hängen des Ostufers blicken vom „Heimatstil“ geprägte Sommervillen auf die geschwungene Gestalt des Sees hinab; am Westufer haben die eiszeitlichen Schmelzwasser zahlreiche Schluchten in die Hänge eingeschnitten, die Namen wie Fischerkehle, Buchenkehle, Grenzkehle, Langer Grund oder Schwarze Kehle tragen. Über Jahrtausende schwemmten ihre Quellwasser ausgewaschenes Erdmaterial an das Seeufer und begünstigten die Entstehung aufgesetzter Moore.

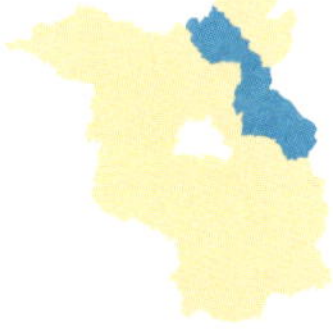

Ein entgegen dem Uhrzeigersinn ausgeschilderter Wanderweg beginnt am Marktplatz von Buckow,

führt am Strandbad vorbei und setzt sich über das Nordufer fort, um schließlich nach 7,5 Kilometern wieder in der Stadt zu enden. Nach dem Strandbadgelände verlässt der Weg nach links die Chaussee und führt vorbei am stillgelegten „Haus Tirol" zur „Schwarzen Kehle". Der dichte Waldbewuchs lässt kaum vermuten, dass die im Jahr 1851 an dieser Stelle entdeckten Kohleflöze für einige Jahre Abholzungen und Fördergrabungen nach sich zogen.
Am Hotel „Johst am See" entfernt sich der Weg kurz vom Ufer, erreicht aber schon bald danach mehrere Moorgebiete und führt schließlich hinunter in den „Langen Grund" und die „Grenzkehle". Hier gabelt sich der Pfad: Die interessantere Strecke steigt zum Panoramaweg auf.
Nach einer Einkehr im wassernahen Restaurant „Buchenfried" bietet sich die Möglichkeit, mit den Dampfern „Scherri" oder „Seeadler" nach Buckow zurückzufahren. Wer jedoch die Rundwanderung vollendet, erblickt nach wenigen hundert Metern eine weitere Wasserfläche. Hier breitet sich überraschend kurz vor Erreichen der Buckower Villenkolonie der kleine von Wald und Schilf umstandene Weiße See aus. Abseits des rege besuchten Strandbades von Buckow verleiten seine wenigen Uferstellen zu einer stillen Pause. Schon Bertolt Brecht wusste diesen Ort zu schätzen, seit er seine Sommer hier verbrachte.
Noch kurz vor seinem Tod dichtete er in den Buckower Elegien:

Ginge da ein Wind
Könnte ich ein Segel stellen
Wäre da kein Segel
Machte ich eins aus Stecken und Plane.

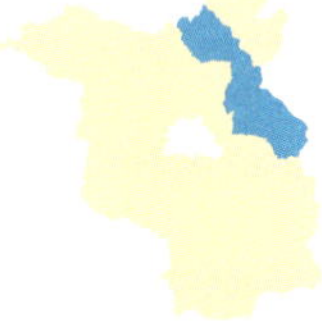

ANREISE

AUTO Von Berlin über B1 bis Müncheberg und dort weiter nach Waldsieversdorf und Buckow oder nach Obersdorf und Münchehofe. Alternativ: von Berlin über Strausberg nach Bollersdorf und Buckow.

BUS + BAHN Mit der Regionalbahn von Lichtenberg über Strausberg nach Müncheberg bzw. Kietz/Küstrin. In Müncheberg besteht Anschluss mit dem Bus nach Buckow.

DAS HAUS TORNOW AM SEE

INFORMATIONEN

PENSION

Haus **Tornow am See**
Am Tornowsee 1d
15377 Bollersdorf / OT Pritzhagen
Telefon: 033433 / 573 14

BADEN

Neben der Badestelle mit Bootssteg am Haus Tornow verteilen sich weitere wilde Badeplätze um den Großen Tornowsee.

Kleiner und Grosser Tornowsee

„Aber auch wie es ist, ist es schön.“ (Theodor Fontane)

Am nordöstlichen Ausgang des Ortes Buckow endet die von Villen gesäumte Straße vor dem beginnenden Wald. Von hier aus kann man auf Wanderpfaden durch eine von einem Bach durchflossene Niederung und über die Rücken sanfter Hügel spazieren, um etwa nach einer halben Wegstunde die schluchtengefurchte Gegend um die beiden Tornowseen zu erreichen.

Der Große und der Kleine Tornowsee liegen in enger, aber unsichtbarer Nachbarschaft. Einerseits verbergen die dicht bewaldeten Hügel des Pritzhagener Forstes die nur 250 Meter auseinanderliegenden Wasserflächen voreinander, andererseits werden die beiden Seespiegel durch ein Höhenunterschied von 17 Metern getrennt.

Beide Seen betten sich in eine Landschaft, in die vor Urzeiten Schmelz- und Regenwasserströme schroffe Schluchten und Kehlen spülten. Heute prägen dichte Laubmischwälder den lieblichen Charakter der Gegend.

Im schwarzen Antlitz des höher gelegenen Kleinen Tornowsees erkannte Fontane einen jener „Teufelsseen“, aus deren stillen Tiefen in der Johannisnacht silberrosenbekränzte Prinzessinnen emporsteigen, um freundlich-traurigen Blickes am Ufer zu verweilen.

An klaren Tagen werfen jedoch nur die hoch gewachsenen Buchen ihre dunklen Schatten über die Wasserfläche des Kleinen Tornow. Breite Teichrosenblätter zieren den Uferkranz seines Seespiegels. Dem „märkischen Wanderer“ Fontane schien er selbst an windigen Tagen unbewegt glatt zu verharren.

Wenige Jahre vor Fontane wären die romantischen Vorstellungen, die von der spiegelnden Wirkung der dichten Baumgruppen um den See ausgegangen sein mögen, noch kaum vorstellbar gewesen. Denn in dem heute bewaldeten Feuchtgebiet des Kleinen Tornowsees wurde noch im 18. Jahrhundert Hopfen angebaut. Um das Wasser von

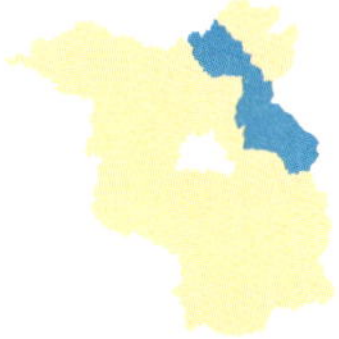

ihren Hopfenfeldern abzulenken, durchzogen die Bauern damals die nahe Wolfsschlucht mit einem Grabensystem. Eine noch heute sichtbare Stufe zwischen der Wolfsschlucht und dem Kleinen Tornowsee zeugt von diesen Bemühungen.

Geht man von einem zum anderen See, kommt man an der „Silberkehle“ vorbei, die ihren Namen dem schimmernden Glimmersand verdankt.

Die am Fuße des Berges ausgebreitete Wasserfläche des Großen Tornowsees erschien Fontane als die hellere der beiden. Dichte Bewaldung wird hier teilweise von ansteigenden Wiesenabschnitten unterbrochen. Bestimmend aber war die Fassade des alten Herrenhauses, die schon zu des Dichters Zeiten aus dem umgebenden Grün hervorstach.

Das alte im Stil eines Schweizerhauses gebaute „Haus Tornow“ gehörte zum Besitz der märkischen Adelsfamilie von Itzenblitz. Zwischen 1908 und 1912 ließ der Familiennachfahr Wilhelm von Oppen ein modernes Wohnhaus neben der alten Villa erbauen. Das alte Haus verfiel und wurde 1960 schließlich wegen Baufälligkeit abgerissen. Das jüngere Gebäude dagegen hat die wechselvollen Zeiten überdauert und thront bis heute im Stil eines Landschlosses über dem Seespiegel.

Als umgewandeltes Gästehaus mit einer individuellen Zimmergestaltung hebt sich die herrschaftliche Herberge wohltuend vom einheitlichen Stil größerer Hotelketten ab und bietet sowohl Touristen als auch Arbeitsgruppen, die eine zurückgezogene Atmosphäre schätzen, ein naturnahes Quartier. Neben der hauseigenen Badestelle mit Bootssteg verteilen sich weitere wilde Badeplätze um den Großen Tornow.

Ursprüngliche, bei Fontane dokumentierte Absichten, den Kleinen Tornowsee künstlich anzuzapfen, um sein Wasser aus einer scheinbar natürlichen Fontäne im Großen Tornowsee wieder hinaufsprudeln zu lassen, wurden jedoch nicht in die Tat umgesetzt. So bewahren beide Tornowseen, ob vom Rauschen sommergrüner Baumkronen oder von der Stille winterkahlen Geästes umhüllt, den Zauber ihrer Verschiedenheit.

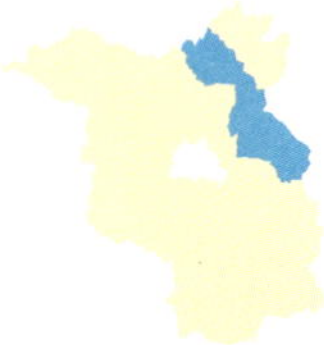

Kleines Eiszeitwörterbuch

Glaziale Serie: Etwa gleichzeitig entstandene Reihenfolge landschaftlicher Formen an einem Gletscherrand, deren einzelne Glieder Grundmoräne – Endmoräne – Sander – Urstromtal räumlich aufeinander folgen.

periglaziäre Phase: (peri, griech. = herum, um; glacies, lat. = Eis) Zeit zwischen dem weitesten Vorschub des aus Skandinavien kommenden Inlandeises vor rund 20 000 Jahren und dem Ausklingen der „Weichselkaltzeit" vor etwa 10 000 Jahren.

Moräne: Das von den Gletschern transportierte und abgelagerte Erdmaterial.

Jungmoränenland: Landoberfläche, die während der jüngsten Eiszeit vergletschert war.

Altmoränenland: Gebiete, die in früheren Kaltzeiten eisbedeckt waren. Sie wurden während der letzten Kaltzeit zwar nicht mehr von Gletschern überformt, unterlagen jedoch Abtragungsprozessen unter den kaltzeitlichen Klimabedingungen (z.B. der Höhenzug des Fläming).

Grundmoräne: Auf dem Grund von Eisströmen zerriebene Gesteins- und Erdschuttmassen (Mergelschichten aus Sand, Ton und Kalk). Grundmoränen sind von ebener, flachwelliger oder kuppiger Oberflächengestalt.

Endmoräne (Höhenrücken): Bewegte, bogenförmig angeordnete Hügelketten an Stellen, an denen der Eisrand beim Zurückweichen längere Zeit stehen blieb und sich Schuttmassen und Gesteinsbrocken auftürmten, falteten und zusammenschoben.

Sander: Ausgeschwemmte Sand- und Kiesmassen vor den Endmoränen, die durch einsetzende Stürme nach der Vergletscherung häufig zu Dünen aufgeweht wurden.

Urstromtal: Parallel zum Eisrand gebildete Abflussbahnen der Schmelzwässer, die entstanden, wenn sich das Inlandeis in ansteigendes Gelände aus lockerem Material und ohne große Höhenunterschiede aufschob.

Kames: Ablagerungen in Gletscherspalten und zwischen Toteisblöcken aus Sand, Kies und Steinen, die nach dem Abschmelzen der Gletscher als flache Hügel erhalten blieben. Einige Kames finden sich um Biesenthal und im Lobetal.

Die flachen, sandigen Hügel sind häufig von Kiefern bewachsen oder von Mooren umgeben, z. B. beim Hellmühler Fließ, beim Rüdnitzer Fließ oder beim Pfauenfließ.

Oser (Oszüge, schwed.= Bergrücken): Langgestreckte, dammartige Wälle vorwiegend in Grundmoränengebieten. Es handelt sich um sandig-kiesige Ablagerungen aus Schmelzwasserläufen, die sich zwischen Gletschern ergossen. In Brandenburg sind Oser überwiegend in den Jungmoränengebieten des Pommerschen Stadiums zu finden. (Ein Beispiel ist der Oshügel in den Lange-Damm-Wiesen bei Strausberg, ein durchgehender aufgeforsteter Wall mit bis zu 20 Metern Höhe, der sich über fast 2 Kilometern Länge östlich und südlich von Hoppegarten bei Müncheberg erstreckt).

Drumlins: Länglich oval gestaltete, tropfenförmige Hügel, die in der ehemaligen Bewegungsrichtung des Gletscher-Eises liegen.

Sie entstanden, wenn bei einem erneuten Gletschervorstoß die Eismasse auf ein Hindernis stieß und sich spaltete. Das Schmelzwasser lagerte in diesen Spalten mitgeführte Schotter ab, und es entstanden die späteren Drumlins. (z.B. die Rummelsberge bei Brodowin im Biosphärenreservat Schorfheide-Chorin).

Binnendünen: Durch den Wind aufgeschüttete Sandablagerungen der unmittelbaren Nacheiszeit im Binnenland mit verschiedenartiger Vegetation. Die feinen Sandkörnchen wurden ausgeblasen und teilweise über große Entfernungen verfrachtet, bevor sie sich an windärmeren Stellen wieder ablagerten. Sie erreichen in Brandenburg vereinzelt über 30 Meter Scheitelhöhe (z.B. die Waltersberge bei Storkow, oder der Wilhelmshagen-Woltersdorfer Dünenzug mit den Püttbergen).

Strichdünen entstanden entlang der Ränder von Urstromtälern (Bsp.: zwischen Pritzerbe und Marzahne im Havelland; bei Niebel im Baruther Urstromtal; die Parabeldünen bei Horstwalde am Baruther Urstromtal).

Findlinge: Größere Granitfelsen ab einem Kubikmeter, die das Gletschereis aus Skandinavien in südlichere Regionen transportierte. (z.B. der Bollersdorfer Stein (18 m Umfang) und die Markgrafensteine bei Bad Saarow).

Kehlen: Schluchten, die das Schmelzwasser des abtauenden Inlandeises in die Hänge am Südrand der Barnimplatte schnitt. Die Kehlen arbeiten noch heute: Eine Vielzahl von Quellen und am Ufer austretende wasserführende Schichten lagern ausgewaschenes Material von den Hängen am Seeufer ab. (Beispiele finden sich um den Schermützelsee im Naturpark Märkische Schweiz.)

Hohlwege: Häufig in ehemaligen Abtragungsrinnen verlaufende, tief eingeschnittene Wege mit verschiedenen Begleitbiotopen (Trockenrasen, Gebüsche, Baumreihen usw.). Die oft stark geböschten Hänge sind aufgrund ihrer besonderen Lage in der Regel wertvolle Lebensräume für Tiere und Pflanzen.

Erosions- oder Trockentäler: Tief in die Geländeoberfläche eingeschnittene, oft enge und nur sehr unregelmäßig Wasser führende Erosionsrinnen (z.B. die „Rummeln" im Fläming).

Toteis: Bewegungslos gewordene Teile von Gletschern oder Inlandeis, oft von Moränen- bzw. Schmelzwasserablagerungen überdeckt, wodurch das Toteis lange erhalten bleibt. Beim Abtauen entstehen unregelmäßige, meist abflusslose Hohlformen.

Kleines Seenlexikon

Im geologischen Sinne gelten Seen als nur vorübergehende und kurzlebige Gebilde. Jeder See unterliegt einer natürlichen „Alterung", die im Laufe mehrerer hundert oder tausend Jahre zur Moorbildung und Verlandung führt. Natürliche Seen werden nach der Art ihrer Entstehung, aber auch ihrer derzeitigen Beschaffenheit und beheimateten Pflanzen- und Tierwelt unterschieden.

Flussseen: in Flussläufe eingeschaltete Seen (z.B. Ruppiner See, Hölzerner See).

Quellseen: am Beginn von Flussseen (Bsp. Twernsee, Quellsee der Havel).

Endseen: am Ende von Flussläufen. Oberirdisch zu- und abflusslose Seen ohne oberirdische Wasserzufuhr durch Flüsse.

Zungenbeckenseen: rundliche oder in die damalige Vorstoßrichtung des Eises gestreckte Seen (Grimnitzsee). Zungenbecken wurden im Rückland von Eisrandlagen ausgeschürft. Schmale und lang gestreckte Zungenbeckenseen sind z.B. die Ückerseen bei Prenzlau.

Rinnen(seen): Schmelzwasser drangen durch Eisspalten bis auf den Grund und gruben unter dem Eis schmale, tiefe Rinnen, die sich nach dem Rückzug des Inlandeises mit Wasser füllten (Scharmützelsee, Großer Pälitzsee, Werbellinsee). Schmale Rinnenseen wurden durch Schmelzwasser unter den Gletschern ausgefurcht und liegen heute perlenschnurartig aufgereiht hintereinander (Seen des Gamengrundes oder der Grunewaldrinne in Berlin). Kombinationsbeckenseen wie der Parsteiner See, Schwielochsee oder der Stechlinsee entstanden durch Eisschurf, Rinnenbildung und eingebettete Inlandeisreste. Die Ufer verlaufen unregelmäßig und sind häufig stark ausgebuchtet.

Toteissee: enstanden aus Toteisblöcken; große Teile der Inlandeismasse wurden beim Rückzug und Zerfall des Gletschers abgetrennt und blieben einzeln und weit verstreut liegen. Das Absenken der auf dem Eis aufgelagerten Schutt- oder Geröllmassen führte zu unregelmäßigen Hohlformen, aus denen sich entweder vielgestaltige oder runde Seen (z.B. Gorinsee) bildeten. In flacheren Hohlformen entstanden Moore.

Sölle und Kesselseen: wassergefüllte Hohlformen auf Äckern, sehr häufig auf Grundmoränenflächen.
Maräneseen: klare tiefe Seen mit hohem Sauerstoffgehalt (z.B. Stechlinsee, Werbellinsee). Die Maräne laicht im Herbst, die Eier sinken auf den Seeboden und benötigen mehrere Monate bis zum Schlupf der Fischbrut.
Zanderseen: flache und durch Planktonalgen trübe (jedoch nicht schmutzige) Landseen mit reichlich Schlamm am Grund.
Hecht- und Schleiseen: klare und meist nicht mehr als fünf Meter tiefe (Wald-) Seen mit Krautwiesenbewuchs.

Zu den künstlich entstandenen Seen der letzten 150 Jahre zählen:
Kiesseen (Ruhlsdorfer Seen), Tongruben (z.B. die Tonteiche bei Körbiskrug), Bergbauseen (z.B. Helenesee und Senftenberger See in den ehemaligen Braunkohletagebaugruben).

Legende: Wenn die Piktogramme eine kräftige Färbung haben, dann finden sich vor Ort die entsprechenden Merkmale.
Ist das Piktogramm dagegen blass, so konnten vom Autor keine entsprechenden Merkmale gefunden werden, oder sie sind nicht empfehlenswert.

TIPP Besonderer Tipp

Schwimmen & Baden an freien Badestellen

Schwimmen & Baden in kostenpflichtigen Badeanstalten

Zelt- & Campingplätze

Hotels oder Gästehäuser

Restaurants und Imbissbuden

Parkmöglichkeiten vorhanden

Seenindex

Bildnachweis

Andrea Kiesinger: S.224

Christian Reinke, Leißnitz, www.leissnitz.de, www.creinke.de: S.44, 46, 47

Gemeinde Kloster Lehnin: S.76, 78, 80

Helenesee AG: S.50, 51

Holger Pfeifer: S.116, 118, 121, 122, 124, 126

Klaus-Dieter Donner, www.wandlitz.info: S.150, 153

Maria Mähler: S.166, 169, 170

Petra Willnecker, www.havelseen.de: S.92, 95

Renate Gerlach, www.zur-reuse.de: S.74

Tourismus Marketing Brandenburg (Archiv): S.36, 90

Tourismus Marketing Brandenburg/Boettcher: S.48, 220

Tourismus Marketing Brandenburg/Hirsch: S.94, 200

Tourismusverband Dahme-Seen e.V.: S.66

Tourismusverein Scharmützelsee e.V./Roland Fritsch: S.38

Tourismusverein Scharmützelsee e.V./Rainer Große: S.39

Ulrich Rasem, www.svstienitzsee.de: S.22, 24, 25

Utz Tayert: S.64, 68, 148, 177, 209

René Blume: S.26, 28, 30, 32, 33, 34, 42, 54, 56, 57, 58, 60, 62, 63, 72, 82, 84, 86, 88, 89, 98, 100, 102, 104, 105, 106, 108, 109, 110, 112, 113, 120, 128, 132, 134, 135, 136, 138, 139, 140, 142, 143, 144, 146, 152, 154, 156, 158, 160, 162, 164, 168, 172, 174, 176, 178, 180, 181, 182, 186, 188, 190, 191, 192, 194, 196, 198, 199, 202, 204, 206, 208, 210, 214, 216, 217, 218, 222, 226, 227

Danksagung

Mein Dank für die Geduld und Unterstützung bei den Recherchen und Erkundungen gilt besonders René Blume, Katja Pelzer, Peter Boigk, Peter David, Maria und Judith Mähler, Fred Seeger, Thomas Günther, Jean Klaus, Holger Bewernitz, Anett Dornbusch sowie Marlene.